Aprendendo HISTÓRIA

MARIETA DE MORAES FERREIRA
RENATO FRANCO

2ª edição

FGV EDITORA

Direitos desta edição reservados à
Editora FGV
Rua Jornalista Orlando Dantas, 37
22231-010 | Rio de Janeiro, RJ | Brasil
Tels.: 0800-021-7777 | 21-3799-4427
Fax: 21-3799-4430
editora@fgv.br | pedidoseditora@fgv.br
www.fgv.br/editora

Impresso no Brasil | *Printed in Brazil*

1ª edição – Editora FGV/Editora do Brasil, 2009; 2ª edição – 2013
1ª reimpressão – 2014; 2ª reimpressão – 2019.

Revisão: Sandro Gomes
Projeto gráfico de miolo e capa: Ilustrarte Design e Produção Editorial

Ficha catalográfica elaborada pela Biblioteca Mario Henrique Simonsen/FGV

Ferreira, Marieta de Moraes
Aprendendo história : reflexão e ensino / Marieta de Moraes Ferreira e Renato Franco. – 2. ed. – Rio de Janeiro : Editora FGV, 2013.
184 p.

Inclui bibliografia.
ISBN: 978-85-225-1304-8

1. Historiografia. 2. História oral. 3. História – Estudo e ensino. 3. Historiadores. I. Franco, Renato. II. Fundação Getulio Vargas. III.Título.

CDD – 907.2

Sumário

Os autores

Marieta de Moraes Ferreira

Pós-doutorado na École des Hautes Études en Sciences Sociales — EHESS, Paris — e na Universidade de São Paulo — USP. Doutora em História pela Universidade Federal Fluminense — UFF. Professora do Instituto de História da Universidade Federal do Rio de Janeiro — UFRJ — e da Fundação Getulio Vargas — FGV. Coordenadora do programa FGV Ensino Médio.

Renato Franco

Doutor em História pela Universidade de São Paulo. Mestre em História pela Universidade Federal Fluminense. Licenciado em História pela Universidade Federal de Minas Gerais. Pesquisador da Fundação Getulio Vargas. Professor da Escola Superior de Ciências Sociais da FGV.

Apresentação

Muito tem se discutido sobre as possibilidades de renovação do ensino da História, seja nas escolas ou universidades. Um dos grandes desafios é como transmitir as mudanças historiográficas, a incorporação e inovação no uso das fontes, a realização de projetos e atividades que levem o ensino básico e das licenciaturas a aplicarem no seu cotidiano os princípios que constituem a construção do conhecimento histórico.

É possível apresentar a ideia de discussão historiográfica para os alunos do ensino básico? O ensino da História deve estar voltado essencialmente para a formação da cidadania? Ou é possível aprender estratégias de como se constrói o conhecimento científico e, dessa forma, demonstrar as divergências teóricas e metodológicas que marcam a produção historiográfica?

A orientação deste livro é exatamente demonstrar a possibilidade de aliar o conhecimento histórico à formação da cidadania e introduzir alunos e professores nas discussões teóricas, metodológicas e historiográficas que têm sido travadas em relação à História como campo disciplinar.

A estratégia adotada foi dividir o trabalho em quatro partes, que procuram discutir os conceitos de História, as vertentes historiográficas, os métodos e possibilidades de trabalhos em sala de aula. Uma segunda orientação que adotamos para cada uma dessas seções foi apresentar de forma sucinta e clara um tema e, posteriormente, selecionar imagens, documentos, extratos de textos de autores clássicos, introduzidos por pequenos comentários que buscam situá-los.

Com essa orientação, acreditamos poder contribuir para enfrentar as dificuldades de compreensão de grandes debates específicos do campo. A história é um tema de interesse de todos, e por isso envolve diferentes profissionais, nem sempre conscientes do grau de complexidade da escrita e do ensino da História. Nesse sentido, procuramos mostrar a pluralidade de concepções que ela pode abarcar, sem a pretensão de induzir a uma crença em verdades absolutas e atemporais. Por isso é fundamental a compreensão de que a História é um conhecimento construído ao longo do tempo e que se altera em função dos desafios do presente.

A História não é um conhecimento congelado, pelo contrário, ganha dinamismo à medida que professores e alunos repensam os temas e objetos. Por outro lado, embora com pontos de interseção, ela diferencia-se diametralmente da literatura, da memória ou da crônica. É importante destacar que, embora História e memória sejam formas de acessar o passado e tenham elementos em comum, tratam-se de campos distintos na medida em que a primeira tem um compromisso com a crítica das fontes, do conhecimento produzido, utiliza métodos de investigação e comprovação que procuram garantir a produção de um saber científico.

Para que serve a História? Essa pergunta não tem uma resposta única, mas acreditamos que a História é, antes de qualquer coisa, um conhecimento válido. Justifica-se não por ter uma única função, mas por ser fundamental no desenvolvimento de habilidades. Sua fecundidade está também na capacidade de retomar aspectos do passado sob novas dimensões. No entanto, convém ressaltar que esse processo de conhecimento não é feito à revelia de regras, mas exige a familiarização com os princípios que norteiam a disciplina ao longo do tempo.

Conhecer elementos básicos da escrita da História auxilia a capacidade de leitura da realidade, repleta de discursos de diferentes origens. Não se trata de induzir "visões críticas" preconcebidas, mas habilitar a leitura de diferentes discursos, versões a que alunos e professores — ou qualquer cidadão — estão expostos na sociedade contemporânea. A abundância de informações acessáveis através das várias mídias (internet, televisão, vídeos, periódicos) que se apresentam de maneira rápida e fragmentada exige uma capacidade de diferenciação, avaliação e de perspectiva temporal que só a História pode oferecer.

Os autores

Parte I

O que é História

1. Os significados de história

Todas as vezes que pronunciamos a palavra história, fazemos referência a um termo com muitos significados. Utilizamos a mesma palavra para designar coisas diferentes. Por outro lado, se fizermos um levantamento dos seus vários sentidos ao longo do tempo, perceberemos rapidamente que a história tem também, por assim dizer, uma história. Ora, então o significado da palavra história muda conforme o tempo e a sua utilização.

Em sua origem, "história" vem do grego antigo historie e significa "testemunho". Sua raiz é indo-europeia (wid, weid) e está ligada à visão, ato de ver. Daí, temos do grego histor: "aquele que vê"; "testemunha". Historien, em grego antigo, poderia ter o sentido de "procurar saber"; "informar-se". Portanto, historie poderia significar "procurar"; "pesquisar".

Diante desses sentidos, é preciso entender os significados que a palavra história assume no dia a dia das pessoas, conforme suas diferentes utilizações. Se a história se refere ao conjunto de acontecimentos vividos por um indivíduo, uma sociedade, ou pela humanidade, o que a definiria como um campo de conhecimento específico? Afinal, se todos têm história, por que a História é escrita por historiadores? Ou ainda, a História precisa ser escrita pelos historiadores? Seríamos todos historiadores?

Essas perguntas fazem parte das confusões que, num primeiro momento, podem surgir ao tentarmos localizar o espaço da História como disciplina e diferenciá- la do conjunto de eventos narrados por uma pessoa: nem todo aquele que conta uma história é historiador, assim como nem todo aquele que tem história (afinal todos têm história) é historiador. Enfim, o que é História e qual o papel do historiador?

De forma sintética, a palavra história tem três significados fundamentais.

- Em primeiro lugar, História é o nome dado a uma disciplina que analisa o que já aconteceu, a partir de um conhecimento específico e de regras próprias. Para diferenciar das outras acepções, muitos historiadores, quando se referem à disciplina, escrevem-na com a letra maiúscula.
- A palavra história também designa a matéria-prima de análise dos historiadores, ou seja, o que já ocorreu, todas as ações dos indivíduos no tempo. É preciso cuidado ao diferenciar a primeira e a segunda noção: a História feita pelos historiadores não é a história "total" da humanidade, porque esta história é irrecuperável na sua totalidade. Os historiadores, a partir de vestígios do passado, recuperam aspectos da história da humanidade. Portanto, história é o nome dado à disciplina e ao seu objeto de análise. Parece complicado à primeira vista, mas para facilitar a compreensão basta pensarmos num médico, cuja especialização é medicina e tem por objeto de pesquisa a saúde ou doença das pessoas. A Física tem por objeto a natureza. A história traz em si essa ambiguidade: o nome da disciplina e do seu objeto são iguais.
- A história ainda pode ter um terceiro sentido, o da narrativa. Narrar um acontecimento, verdadeiro ou falso, é contar uma história. Em português, há quem proponha a diferenciação entre história, pretensamente verdadeira, e estória, para designar uma narrativa inverídica.

A escrita da História como disciplina agrega, de uma só vez, os outros dois significados (de história das pessoas e da narrativa) sem lhes tirar a identidade. No entanto, a escrita da História não se dá pelo simples ajuntamento de acontecimentos. Existem regras que dizem respeito ao métier (trabalho) do historiador, que o especializam e o diferenciam de um contador de histórias amador.

A História em questão é uma disciplina que teve suas bases conceituais fundamentadas ao longo do século XIX e é importante para todo professor, historiador ou estudante de História saber diferenciar o campo de conhecimento, da utilização cotidiana da palavra história, porque, além de homônimas, as designações convergem também em vários aspectos. Sempre que falamos de história, estamos nos referindo ao que já aconteceu, mas que é sempre revisto por meio de interpretações e reelaborações conforme as perguntas que cada época faz. Embora toda vez que falamos em história tenhamos o passado como objeto principal, o campo disciplinar da História possui regras bem delimitadas para produzir um discurso sobre o que já se passou.

Não há um conceito único de história, tampouco um significado que consiga abarcar todos os sentidos que a palavra pode assumir no dia a dia das pessoas. O importante é estabelecermos diferenciações que consigam tornar clara uma questão fundamental: a História como campo disciplinar diferencia-se de outros tipos de história, porque apresenta técnicas e métodos próprios. Apesar de todos terem história, nem todos são historiadores. Caberá ao professor estabelecer essa diferenciação, afinal o que torna a História um campo disciplinar específico e a distancia da simples narração de fatos ocorridos?

Bibliografia sugerida

BORGES, Vavy Pacheco. *O que é História*. 2. ed. São Paulo: Brasiliense, 1993.

BLOCH, Marc. *Apologia da História — Ou o ofício do historiador*. Rio de Janeiro: Jorge Zahar, 2001. p. 53-55.

CARDOSO, Ciro Flamarion. *Uma introdução à História*. São Paulo: Brasiliense, 1981.

CARR, Edward Hallet. *Que é História?* 3. ed. São Paulo: Paz e Terra, 1996.

HOBSBAWM, Eric. *Sobre História*. Tradução Cid Knipel Moreira. São Paulo: Companhia das Letras, 1998.

KOSELLECK, Reinhart. *historia/Historia*. Madrid: Mínima Trotta, 2004.

LE GOFF, Jacques. História. In: *Enciclopédia Einaudi: memória-História*. Tradução R. P. Cabral. Lisboa: Imprensa Nacional/Casa da Moeda, v. 1, 1984.

Para aprofundar o tema

"Diz-se algumas vezes: 'A História é a ciência do passado'. É [no meu modo de ver] falar errado. [Pois, em primeiro lugar], a própria ideia de que o passado, enquanto tal, possa ser objeto de ciência é absurda. Como, sem uma decantação prévia, poderíamos fazer, de fenômenos que não têm característica comum a não ser não terem sido contemporâneos, matéria de um conhecimento racional? [...]

Sem dúvida, nas origens da historiografia, os velhos analistas não se constrangiam nem um pouco com tais escrúpulos. Narravam, desordenadamente, acontecimentos cujo único elo era terem se produzido mais ou menos no mesmo momento: os eclipses, as chuvas de granizo, a aparição de espantosos meteoros

CLIO, A MUSA DA HISTÓRIA

Na mitologia grega, Clio é a musa da história e da poesia. Filha de Zeus, o rei dos deuses, e Mnemósine, a memória. Nesta escultura, Clio é representada como uma jovem coroada de louros, trazendo nas mãos um livro, símbolo do conhecimento.

Anônimo. Estátua de Clio, musa da história e da poesia, s.d. Museus do Vaticano, Vaticano/The Bridgeman Art Library/Keystone

junto com batalhas, tratados, mortes de heróis e dos reis. Mas nessa primeira memória da humanidade, confusa como a percepção de um bebê, um esforço constante de análise pouco a pouco operou a classificação necessária. É verdade, a linguagem, essencialmente tradicionalista, conserva o nome de história para todo estudo de uma mudança na duração. [...] Há, nesse sentido, uma história do sistema solar, na medida em que os astros que o compõem nem sempre foram como os vemos. Ela é da alçada da astronomia. Há uma história das erupções vulcânicas que é, estou convencido disso, do mais vivo interesse para a física do globo. Ela não pertence à História dos historiadores [...].

Há muito tempo, com efeito, nossos grandes precursores, Michelet, Fustel de Coulanges, nos ensinaram a reconhecer: o objeto da História é, por natureza, o homem. Digamos melhor: os homens. Mais que o singular, favorável à abstração, o plural, que é o modo gramatical da relatividade, convém a uma ciência da diversidade. [...]

'Ciência dos homens', dissemos. É ainda vago demais. É preciso acrescentar: 'dos homens, no tempo'. O historiador não apenas pensa 'humano'. A atmosfera em que seu pensamento respira naturalmente é a categoria da duração."

Marc Bloch. *Apologia da História*, 1941-1942.

O QUE É HISTÓRIA?

O francês Marc Bloch (1886-1944), durante a Segunda Guerra Mundial, escreveu um ensaio seminal sobre o conhecimento histórico. O livro Apologia da História ficou inacabado porque Bloch foi executado em 1944 durante a ocupação alemã na França. Mesmo assim, foi publicado e é, até hoje, uma das obras fundadoras da historiografia contemporânea. Nele, Bloch discute as especificidades do conhecimento da História e enfatiza a sua importância como uma ciência em contínua construção.

Marc Bloch, historiador francês.
Apic/Getty Images

2. As funções da História: a mestra da vida

Nas sociedades arcaicas, o mito exercia uma função primordial de explicação, fosse da origem ou da história dos povos (de onde descendiam, principais feitos etc.). O mito é uma narração, portanto, uma estória contada a partir de acontecimentos comprovados ou não. Embora tenha uma intenção explicativa, o mito pode misturar realidade e ficção e apresenta, muitas vezes, a ausência de temporalidade na narrativa. Assim, podem ser de origem (do Universo, de uma nação, de um povo) ou de destruição; podem envolver profecias e personagens imaginários. Não têm, portanto, compromisso com a veracidade, carregando sempre grande dose de imaginação.

Apesar de história, História e mito serem narrativas, podemos estabelecer diferenças fundamentais entre o que é o mito e o que passou a se entender como História, na Grécia Antiga. A primeira diferença é uma noção que se tornará fundamental para os historiadores: a História é escrita a partir de fatos. Foi o grego Heródoto (485?-420 a.C.) o primeiro a estabelecer um problema para além das crônicas e relatos épicos na escrita da História. Conhecido como o pai da História, Heródoto abandonou, em parte, a narrativa modificável ao sabor da imaginação e da necessidade para se basear em fatos. A diferença estabelecida estava no esforço de contar o que o autor acreditava realmente estar baseado em acontecimentos.

Esse relato continha diferenças fundamentais daqueles produzidos através de explicações mitológicas: partia de acontecimentos e tinha uma localização temporal. Heródoto fez uma investigação, o próprio título de sua obra, Histórias, denota esse trabalho de pesquisa. Ele apresentou os fatos que considerou relevantes, selecionou as explicações sobre os acontecimentos que julgou mais apropriadas e interpretou-os à sua maneira.

Esse gênero narrativo foi continuado por outro grego, Tucídides, que viveu entre 460 e 396 a.C. Sua História da Guerra do Peloponeso descreve a guerra entre a Liga do Peloponeso (liderada por Esparta) e a Liga de Delos (liderada por Atenas), entre 431 e 404 a.C. Tucídides foi um general ateniense que serviu na guerra, e, portanto, contemporâneo aos acontecimentos que registrou. Essa é uma das principais marcas do pensamento de Tucídides, que acreditava não ser possível escrever uma História do passado remoto. Dessa forma, restringiu o campo da História ao passado recente.

Na Antiguidade Clássica, portanto, a história recente era o foco central da preocupação dos historiadores. Para Heródoto e Tucídides, a História era um repositório de exemplos que deveriam ser preservados, e o trabalho do historiador era expô-los, atestados, sempre que possível, por testemunhos diretos. A ideia de que ela seria, antes de tudo, um relato útil para os homens, uma vez que tinham uma natureza imutável, é bem sintetizada por Cícero (106-43 a.C.), numa conhecida sentença: Historia magistra vitae est (em português, "A História é a mestra da vida"). A noção de que o passado deveria servir de exemplo para o futuro foi a base para as narrativas históricas da Antiguidade até o fim do século XVIII. Tinham, portanto, a utilidade de serem instrutivas, exemplares.

Segundo o pensador alemão Koselleck (1923-2006), o papel da História magistra vitae se fez sentir ao longo de cerca de dois mil anos, sempre conservando o papel de uma escola na qual se podia aprender a ser sábio e prudente sem incorrer em grandes erros. Assim, a função do historiador era tornar perenes os exemplos que poderiam se perder no tempo.

Com o advento do Cristianismo, a escrita da História conservou essa percepção instrutiva. No entanto, diferente da Antiguidade, onde a História era vista como uma possibilidade de evitar erros, porque a natureza humana era imutável e suas ações se repetiam de tempos em tempos, a era cristã deu maior importância a uma visão religiosa da vida. Assim, o exemplo tirado da História não tinha somente um caráter preventivo, mas também moralizante. A vida dos santos, as ações exemplares dos reis deveriam servir de modelos de comportamento.

Da Idade Média, passando pelo Renascimento até o Iluminismo, a História manteve seu paradigma de exemplaridade e, embora pudesse mudar a ênfase a ser seguida, o denominador comum que unia essas concepções era a ideia de que o passado deveria trazer exemplos de ação ao presente, como forma de evitar erros e ensinar.

O Iluminismo acrescentou a ênfase à história racional, misturando ideias de civilização e progresso. O passado permaneceu ainda repleto de ações modelares que tinham por função fornecer exemplos ao presente. Bastante otimistas em relação ao futuro, homens como Voltaire (1694-1778), Kant (1724-1804) ou Condorcet (1743-1794) acreditavam em um movimento ascendente da humanidade em direção a um estado ideal.

Bibliografia sugerida

ELIADE, Mircéa. *Mito e realidade*. 6. ed. São Paulo: Perspectiva, 2002.

HARTOG, François. *O espelho de Heródoto:* ensaio sobre a representação do outro. Belo Horizonte: UFMG, 1999.

HERÓDOTO. *Histórias*. Lisboa: Edições 70, 2007. (Livros I, III, IV, V, VI e VIII)

________. *Histórias*. Tradução portuguesa de José Ribeiro Ferreira e Maria de Fátima Silva. Lisboa: Edições 70, 1994. p. 53-57. Livro I.

HOMERO. *Ilíada*. Tradução Haroldo de Campos. São Paulo: Arx, 2003. 2 v. Bilíngue.

________. *Odisseia*. Tradução Carlos Alberto Nunes. Revisão Marcus Rei Pinheiro. Rio de Janeiro: Ediouro, 1997.

KOSELLECK, Reinhart. *Futuro Passado:* contribuição à semântica dos tempos históricos. Rio de Janeiro: PUC-Rio/Contraponto, 2006. p. 43.

RÜSEN, Jörn. *História viva:* formas e funções do conhecimento histórico. Tradução Estevão de Rezende Martins. Brasília: UnB, 2007. (Teoria da História, 3)

TUCÍDIDES. *História da Guerra do Peloponeso*. 3. ed. Tradução Mário da Gama Kury. Brasília: UnB, 1987. p. 28. Livro 1°. Parágrafo 22.

Para aprofundar o tema

"Esta é a exposição das investigações de Heródoto de Halicarnasso, para que os feitos dos homens se não desvaneçam com o tempo, nem fiquem sem renome as grandes e maravilhosas empresas, realizadas quer pelos helenos quer pelos bárbaros; e sobretudo a razão por que entraram em guerra uns contra os outros.

Os conhecedores entre os persas consideram que os fenícios foram os causadores do diferendo: sustentam que, vindos do mar chamado Eritreu para as margens do Mediterrâneo e ocupada a região que agora habitam, de imediato empreenderam longas navegações: com mercadorias egípcias e assírias, aportaram a diversas regiões, entre as quais estava Argos, que nessa época se superiorizava a todos os Estados da região que hoje chamamos Hélade. Chegados a Argos, os fenícios procuraram vender a carga. No quinto ou sexto dia após a sua chegada, já com quase tudo vendido, vieram até a borda do mar numerosas mulheres, entre as quais se encontrava a filha do rei, cujo nome, pelo que dizem também

HERÓDOTO, O "PAI" DA HISTÓRIA

O grego Heródoto (485? — 420 a.C.) escreveu, entre 450 e 430 a.C., uma obra intitulada Histórias, *que relata a expansão do Império Persa e as batalhas gregas para manutenção das suas fronteiras perante o avanço persa.* Histórias *acaba em 479 a.C. com a expulsão dos persas na batalha de Plateias e o recuo da fronteira do império para a costa da Anatólia. Heródoto nasceu alguns anos depois do fim da guerra e, para dar conta de sua tarefa, percorreu várias regiões do norte da África, Ásia e Europa. A partir dessa experiência, fez um quadro dos costumes, conhecimentos e geografia das regiões habitadas pelos gregos e pelos não gregos, chamados bárbaros.*

os gregos, era Io, filha de Ínaco. Enquanto estas, paradas, junto à popa do barco, negociavam as mercadorias de que mais gostavam, os fenícios, encorajando-se uns aos outros, precipitam-se sobre elas. A maior parte das mulheres conseguiu fugir, mas Io foi raptada juntamente com as outras. Arrastaram-nas para o barco e partiram de velas feitas para o Egito. Deste modo contam os persas que Io chegou ao Egito, e não daquele que dizem os helenos. Asseguram também que esse foi o primeiro dos agravos cometidos."

Heródoto de Halicarnasso. *Histórias*, século V a.C.

"Quanto aos discursos pronunciados por diversas personalidades quando estavam prestes a desencadear a guerra ou quando já estavam engajados nela, foi difícil recordar com precisão rigorosa os que eu mesmo ouvi ou os que me foram transmitidos por várias fontes. Tais discursos, portanto, são reproduzidos com as palavras que, no meu entendimento, os diferentes oradores deveriam ter usado, considerando os respectivos assuntos e os sentimentos mais pertinentes à ocasião em que eles foram utilizados, embora ao mesmo tempo eu tenha aderido tão estritamente quanto possível ao sentido geral do que havia sido dito. Quanto aos

---

Produziu uma narrativa a partir de suas observações pessoais, documentos escritos e testemunhos orais de pessoas diretamente envolvidas nos acontecimentos. O relato produzido continha diferenças fundamentais daqueles feitos através de explicações mitológicas. Além disso, Heródoto partia de uma investigação pessoal dos acontecimentos e seu relato tinha uma localização temporal. A articulação das diferentes versões pode ser particularmente observada na última frase do texto: "Deste modo contam os persas que Io chegou ao Egito, e não daquele que dizem os helenos. Asseguram também que esse foi o primeiro dos agravos cometidos".

Anônimo. Representação de Heródoto.
Busto ficcional de mármore, cópia romana de original grego do século IV.
Museu Nacional, Nápoles/Scala/Imageplus

---

fatos da guerra, considerei meu dever relatá-los não como apurados através de algum informante casual nem como me parecia provável, mas somente após investigar cada detalhe com maior rigor possível, seja no caso dos eventos dos quais eu mesmo participei, seja naqueles a respeito dos quais obtive informações de terceiros. O empenho em apurar os fatos se constituiu numa tarefa laboriosa, pois as testemunhas oculares de vários eventos nem sempre faziam os mesmos relatos a respeito das mesmas coisas, mas variavam de acordo com suas simpatias por um lado ou pelo outro, ou de acordo com sua memória. Pode acontecer que a ausência do fabuloso em minha narrativa pareça menos agradável ao ouvido, mas quem quer que deseje ter uma ideia clara tanto dos eventos ocorridos quanto daqueles que algum dia voltarão a ocorrer em circunstâncias idênticas ou semelhantes em consequência do seu conteúdo humano, julgará a minha História útil e isto me bastará. Na verdade, ela foi feita para ser um patrimônio sempre útil e não uma composição a ser ouvida apenas no momento da competição por algum prêmio."

Tucídides. *História da Guerra do Peloponeso*, século V a.C.

OS DESAFIOS DA NARRATIVA

Tucídides (460-396 a.C.) pertencia a uma família aristocrática de Atenas. O texto a seguir, extraído de sua obra sobre a Guerra do Peloponeso, que opôs Atenas e Esparta de 431 a 404 a.C., mostra os desafios de produzir uma narrativa histórica a partir dos relatos pessoais.

Anônimo. Representação de Tucídides. Busto ficcional de mármore, cópia romana de um original grego do século IV. Museu do Louvre, Paris/ The Bridgeman Art Library/Keystone

"Até o século XVIII, o emprego de nossa expressão [História] permanece como indício inquestionável da constância da natureza humana, cujas histórias são instrumentos recorrentes apropriados para comprovar doutrinas morais, teológicas, jurídicas ou políticas. [...]

Além disso, o uso da expressão está associado a outras metáforas, que rescrevem as tarefas da História. *Historia vero testis temporum, lux veritatis, vita memoriae, nuntia vetustatis, qua voce alia nisi oratoris immortalitati commendatur* [A História é a testemunha dos tempos, a luz da verdade, a vida da memória, a mensageira da velhice, por cuja voz nada é recomendado senão a imortalidade do orador]. A tarefa principal que Cícero atribui aqui à historiografia é especialmente dirigida à prática, sobre a qual o orador exerce sua influência. Ele se serve da história como coleção de exemplos — *plena exemplorum est historia* [a história é cheia de exemplos] — a fim de que seja possível instruir por meio dela."

Reinhart Koselleck. *Futuro Passado*, 1979.

AS LIÇÕES DA HISTÓRIA

Neste trecho, o historiador alemão Reinhart Koselleck (1923- 2006) mostra como ao longo de 2 000 anos a função da História conservou um mesmo fundo: deveria ser, tal como havia sintetizado Cícero (106 a.C.- 43 a.C.), a mestra da vida. Os relatos históricos tinham por função instruir, com base nos acontecimentos passados, as gerações vindouras. Como a natureza humana era constante, a História tinha um caráter pedagógico, de prevenção contra os erros do passado.

Reinhart Koselleck, historiador alemão, 2002.
Bruni Meya/AKG-Images/LatinStock

3. O século XIX e as mudanças no conceito de História

Foi a Revolução Francesa, ocorrida em 1789, a grande responsável por alterar os rumos de como a História seria escrita a partir de então. Além de uma ruptura do ponto de vista social, econômico e político, essa revolução representou uma fratura na forma de perceber o mundo. As convulsões sociais do fim do século XVIII não ficaram reduzidas à França e, num curto espaço de tempo, uma organização social secular foi desmantelada. A ordem "natural" das coisas era cada vez mais questionada e a disseminação de valores "universais", como igualdade, liberdade e fraternidade, representava a desagregação de um sistema considerado antigo e injusto.

Rapidamente o mundo pareceu dar um salto de anos. Junto com todas essas mudanças, os surtos de industrialização também aceleravam o ritmo de vida das pessoas. As cidades começaram a inchar de homens, mulheres e crianças que, saídos do campo, tentavam a vida nos grandes centros. Um senhor europeu nascido em 1760 certamente observaria espantado o mundo em 1840. De repente, instituições seculares, e mesmo milenares, foram questionadas, mudando-se o estado das coisas numa rapidez ainda não vista.

Essa efusão de acontecimentos afetou diretamente a forma como a História foi vista. Afinal, se a natureza humana tinha um alto grau de previsibilidade, como explicar as mudanças inéditas que ocorriam em fins do século XVIII? O esforço de compreensão da Revolução Francesa e de suas consequências ocupou boa parte da intelectualidade europeia no século XIX. Diante dos acontecimentos, o sentido das ações humanas passou a ser percebido de forma diferenciada. Duas correntes principais puderam ser percebidas na maneira de interpretar os acontecimentos recentes: uma revolucionária e emancipacionista, elaborada, sobretudo, pelos iluministas franceses e alemães; e outra, conservadora e tradicionalista, que procurava ver na Revolução um erro a ser superado e esquecido. A tensão entre as diferentes visões ficará mais clara à medida que a História for assumindo uma importância institucional maior. O passado foi deixando de ser apenas um repositório de ações exemplares para ser compreendido em sua singularidade histórica.

Embora a Revolução Francesa tenha significado uma mudança de paradigma na forma de perceber o tempo e, mais especificamente, a história das pessoas, a importância da História como uma disciplina ainda era bem incipiente no fim do século XVIII. Não havia cursos especializados e o saber histórico era uma subárea ligada às humanidades, ou seja, ainda não se constituía num conhecimento específico, dotado de regras próprias e feito por profissionais. A História era feita por amadores, segundo métodos que melhor convinham aos autores, mas sua importância mudou na medida em que seu papel assumiu novas funções na sociedade.

Para o caso francês, no início do século XIX, o ensino secundário de História teve um papel mais efetivo e precoce, antecipando-se ao dos ensinos universitários. Segundo o historiador Antoine Prost, o privilégio do secundário durante boa parte do século XIX chama a atenção para a sua importância, sobretudo, no que diz respeito à formação das elites. Após aparecer timidamente nas escolas centrais da Revolução e liceus napoleônicos, a disciplina instalou-se definitivamente, em 1814, nos programas de Ensino Médio e, em 1818, tornou-se matéria obrigatória. Logo depois, o ensino passou por uma série de dificuldades, mas não chegou a ser extinto. Apesar de todos os problemas, um processo estava em marcha: progressivamente o ensino de História emancipou-se das humanidades, conquistando autonomia, causa e consequência diretas da especialização de seus professores.

As alterações na forma de analisar as ações humanas estavam ligadas a mudanças de curta, média e longa duração. A Revolução Francesa era consequência de uma série de alterações que estavam sendo geridas há tempos e representou a concretização de novos ideais que abriram um papel diferenciado para a importância da ação humana. O papel da História não ficaria imune a todas essas mudanças, mas foi a partir do século XIX, com a sedimentação de instituições laicas e o surgimento do nacionalismo, que a História assumiu um papel diferente daquele que até então vinha ocupando.

Bibliografia sugerida

DOSSE, F. *A História*. Tradução Maria Elena Assumpção Ortiz. Bauru: Edusc, 2003.

FURET, François. *A oficina da História*. Lisboa: Gradiva, 1989.

GINZBURG, Carlo. *Relações de força* — História, retórica e prova. Tradução Jônatas Batista Neto. São Paulo: Companhia das Letras, 2002.

GUIMARÃES, Manoel Luiz Salgado. Escrever a História, domesticar o passado. In: LOPES, Antonio Herculano; VELLOSO, Monica Pimenta; PESAVENTO, Sandra Jatahy (Org.). *História e linguagens:* texto, imagem, oralidade e representações. Rio de Janeiro: 7Letras, 2006. p. 45-58.

HARTOG, François. *O século XIX e a História:* o caso Fustel de Coulanges. Rio de Janeiro: UFRJ, 2003.

HUMBOLDT, Whilhelm von. Sobre a tarefa do historiador. In: *Anima: História, teoria e cultura*, ano 1, n. 2, Rio de Janeiro, PUC-Rio/Casa da Imagem, p. 81-84, 2001.

KOSELLECK, Reinhart. *Crítica e crise*. Tradução Luciana Villas-Boas Castelo-Branco. Rio de Janeiro: Uerj/Contraponto, 1999.

PROST, Antoine. *Doze lições sobre a História*. Tradução Guilherme João de Freitas Teixeira. Belo Horizonte: Autêntica, 2008.

Para aprofundar o tema

Jacques Réattu. O triunfo da liberdade, 1798. Óleo sobre tela.
Museu Réattu, Arles. The Bridgeman Art Library/Keystone

OS IMPACTOS DA REVOLUÇÃO FRANCESA

A Revolução Francesa representou uma ruptura nas formas de perceber a ação das pessoas e da História. A adesão ou a rejeição das proposições feitas durante o período revolucionário marcou as sociedades ocidentais ao longo do século XIX. Mas uma coisa era certa: ninguém ficou imune às repercussões da onda revolucionária que se originou na França. Este quadro foi pintado em 1798 e traz uma alegoria importante da Revolução Francesa. O francês Jacques Réattu (1760-1833) representou a liberdade sob a forma de uma deusa antiga, vestida de azul, branco e vermelho (cores da Revolução), usando a boina frígia (símbolo da libertação da escravidão), a mão sobre um feixe (símbolo romano da unidade da república) e brandindo uma bandeira francesa. Seu cortejo é precedido pela deusa Atena (Minerva), deusa da sabedoria, da inteligência e da guerra justa, que expulsa os inimigos da liberdade; no céu, a verdade afasta as trevas e ilumina o mundo. Este quadro, característico do estilo da época, com suas vestes à moda antiga, exprime, ao mesmo tempo, a missão universal da Revolução e a sua violência: o triunfo da liberdade, ou seja, da Revolução Francesa, é também fruto da guerra e da conquista. No chão, as vítimas do combate lembram que a liberdade tem um preço.

"Todo esforço espiritual que age sobre a totalidade do homem possui algo que pode ser denominado seu 'elemento', sua força ativa, o mistério de sua influência sobre o espírito [...] O elemento, em que se move a História, é o sentido para a realidade, e nele se encontram o sentimento da transitoriedade da existência no tempo e ainda a dependência em relação às causas passadas e simultâneas; a tais sentimentos se contrapõem a consciência da liberdade espiritual interna e o conhecimento racional de que a realidade, a despeito de sua aparência contingente, articula-se por uma necessidade essencial. [...]

A filosofia dita um objetivo aos eventos, e assim esta busca por causas finais, sejam elas deduzidas da essência da natureza ou do próprio homem, perturba e falsifica toda visão livre sobre a ação própria das forças. A História teleológica jamais alcança a verdade viva dos destinos do mundo, porque, afinal, o indivíduo sempre precisaria encontrar o seu apogeu dentro do limite de sua existência transitória, não conseguindo de maneira alguma incorporar à vida o que seria o objetivo final dos acontecimentos, mas sim em instituições mortas e na busca de conceitos que falam de uma totalidade ideal."

Whilhelm von Humboldt. *Sobre a tarefa do historiador*, 1822.

A TAREFA DO HISTORIADOR PARA HUMBOLDT

Whilhelm von Humboldt (1767-1835) nasceu em Potsdam, na Alemanha. Trabalhou como linguista, diplomata e historiador. Em 1810, fundou a Universidade de Berlim. No texto a seguir, escrito em 1821, Humboldt traça alguns dos desafios na análise do passado. O autor percebe a impossibilidade de recuperar os fatos tal como aconteceram e, na medida em que afirma a singularidade e imprevisibilidade dos processos históricos, distancia-se da noção da História como mestra da vida. Humboldt recusa a visão teleológica das filosofias da história, pois atribuía um sentido lógico ao destino humano. Para ele, a História é viva e precisa ser compreendida por meio da especificidade de acontecimentos irrepetíveis.

Whilhelm von Humboldt, linguista, diplomata e historiador alemão.
Album/AKG-Images/LatinStock

HISTÓRIA: UMA DISCIPLINA EM ASCENSÃO

Neste trecho, o historiador Manoel Salgado destaca a importância do século XIX na construção do campo disciplinar de História. Mesmo que em ritmos diferenciados, é possível perceber, no Ocidente, o surgimento de cadeiras especializadas em História nas universidades. Progressivamente, o historiador se tornou o profissional responsável por escrever e falar sobre a História, e a figura do amador, sem especialização, foi sendo abandonada.

"Parece consensual entre os historiadores de ofício que o século XIX significou efetivamente o momento de profissionalização e organização de uma disciplina que passava a deter o monopólio de enunciação legítima sobre o passado, ainda que esse processo não se dê em todos os espaços culturais da mesma forma e segundo os mesmos princípios e tradições. Pelo contrário, de um modelo unívoco e rígido de conceber a escrita da História que parecia dar unidade ao campo no século XIX, sabemos o quanto era atravessado por disputas e tensões, por modelos alternativos de conceber a prática do ofício, assim como por tradições diversas em termos de gêneros adequados à exposição dos fatos narrados. Certamente este quadro se tornaria ainda mais complexo se deixássemos a tradição europeia e ocidental de conceber a relação com o passado em termos de História. No entanto, e sobretudo para as sociedades ocidentais, não apenas o passado adquire uma centralidade como objeto de conhecimento, mas também certos procedimentos para esse conhecimento passam a ser exigidos, particularmente o trabalho criterioso com as 'fontes primárias', a partir da clássica definição de Leopold von Ranke e dos métodos que fundou para assegurar a precisão do trabalho de conhecimento a ser produzido pelo historiador."

Manuel Luiz Salgado Guimarães. Escrever a História, domesticar o passado, 2006.

4. A construção do campo disciplinar

O século XIX foi um período de intensas mudanças na escrita da História, quando ocorreu a profissionalização da disciplina e foi institucionalizado o conhecimento histórico nas universidades. Desde o início desse século era possível notar maior empenho no sentido de considerar a História uma disciplina diferente dos outros gêneros, como a Literatura. A crença de que a História teria uma contribuição específica ao conhecimento humano pode ser percebida nos esforços dos Estados em organizarem arquivos nacionais, como foi o caso dos arquivos nacionais franceses, fundados em 1808; ou a Escola Nacional de Chartres, primeira grande instituição francesa de ensino da História. Na Alemanha, onde a institucionalização da História foi mais precoce, destaca-se o esforço de transcrição de fontes, como a da obra *Monumenta Germaniae Historica*, cujo primeiro volume foi lançado em 1819.

Progressivamente, a História foi se revestindo de um caráter científico, bem ao espírito da época, e passou a rivalizar espaços de representação institucional com outras disciplinas. Contudo, até 1880, a História, na França, era uma disciplina que não tinha, de fato, real autonomia, dominada pela literatura e pela filosofia e subordinada ao jogo político. O historiador francês Gabriel Monod (1844-1912), um dos fundadores da *Revue Historique*, em 1876, declarou em seu primeiro número que quase todos os seus predecessores eram autodidatas.

Foi a partir da III República, em 1870, que esse quadro foi se alterando de forma mais contundente na França. A derrota na Guerra Franco-Prussiana representou um verdadeiro choque para a sociedade francesa, que implicou a queda do sistema monárquico de Napoleão III e a instalação dos republicanos no poder. Preocupadas com a utilização política que os conservadores faziam da História, as novas elites republicanas se empenharam, desde sua chegada ao poder, em assumir o controle das instâncias de produção da memória coletiva do país.

A afirmação da História como uma disciplina, que possuía um método de estudo de textos que lhe era próprio e uma prática regular de decifração de documentos, implicou a concepção da objetividade construída sobre vários pressupostos que os historiadores ainda hoje têm por princípio. Charles Seignobos (1854-1942), coautor, junto com Charles Langlois (1863-1929), de Introdução aos estudos históricos, manual publicado em 1898 que definia as regras de escrita da História, pretendia divulgar os procedimentos e princípios da prática da História científica entre os jovens estudantes e historiadores. Na sua definição, a História tinha como objetivo descrever "por meio de documentos" as sociedades passadas e suas metamorfoses. O documento e sua crítica eram assim essenciais para distinguir a História científica da história literária (praticada pela geração precedente), ou seja, os profissionais dos ensaístas.

Para Seignobos, a prática científica da História deveria ficar restrita ao ensino superior e aos períodos recuados. Os historiadores de profissão deveriam, portanto, limitar os estudos sobre o mundo contemporâneo, uma vez que nesse campo seria mais difícil de afastar os amadores. Assim, os historiadores recrutados pelas universidades no século XIX eram especializados na Antiguidade e na Idade Média, períodos que exigiam o domínio de um conjunto de procedimentos eruditos. Com isso, pretendia-se impor critérios rígidos que permitissem separar os verdadeiros historiadores dos amadores.

Bibliografia sugerida

FERREIRA, Marieta de Moraes. *História do tempo presente:* desafios. In: Cultura Vozes, n. 3, v. 94. Petrópolis: Vozes, 2000. p. 112-113.

GUIMARÃES, Manoel Luiz Salgado. Nação e civilização nos trópicos: o Instituto Histórico e Geográfico Brasileiro e o projeto de uma História nacional. In: *Revista Estudos Históricos*. Rio de Janeiro: CPDOC-FGV, n. 1, p. 5-27, 1988.

KOSELLECK, Reinhart. *historia/Historia*. Madrid: Mínima Trotta, 2004.

PROST, Antoine. *Doze lições sobre a História*. Tradução Guilherme João de Freitas Teixeira. Belo Horizonte: Autêntica, 2008.

REIS, José Carlos. *A história entre a filosofia e a ciência*. 3. ed. Belo Horizonte: Autêntica, 2006.

VEYNE, Paul. *O inventário das diferenças:* história e sociologia. São Paulo: Brasiliense, 1983.

WEHLING, Arno. *A invenção da história:* estudos sobre o historicismo. Rio de Janeiro: UGF; Niterói: UFF, 1994.

Para aprofundar o tema

"Até 1880, a História na França era uma disciplina sem real autonomia, dominada pela literatura e pela filosofia e subordinada ao jogo político das conjunturas. A pesquisa histórica estava sob o controle dos eruditos tradicionais, hostis à República, e não havia um ensino especializado de História. A ausência de formação para a pesquisa histórica explica a grande heterogeneidade de normas para a prática científica.

Gabriel Monod, fundador da Revue Historique (1876), declarava no primeiro número dessa revista que quase todos os seus predecessores eram autodidatas. Dois tipos de pessoas se destacavam como autores dos livros de História. Nas cidades, eram os profissionais liberais, notadamente os advogados, que faziam o papel de historiadores; no mundo rural, eram os quadros da sociedade tradicional, membros da Igreja e da nobreza, que dominavam o campo. Esses historiadores amadores eram muito numerosos e organizados, e inseriam-se nas sociétés savantes que se consagravam à escrita e ao estudo da História, sendo subvencionados pelo Comité des Travaux Historique e pela Société d'Histoire de France, fundada por Guizot. A História era igualmente valorizada pelas mais veneráveis instâncias da cultura francesa, que eram a Academie des Inscriptions et Belles Lettres e a Academie Française, notadamente por todos os prêmios que elas atribuíam aos melhores livros de História.

Foi somente no começo da III República, nos anos 1870, que o lugar da História na sociedade francesa se alterou, e as regras e práticas do métier foram fixadas, num imenso esforço coletivo para romper com o antigo estado de coisas. Preocupadas com a utilização política que os conservadores faziam da história, as novas elites republicanas se empenharam desde sua chegada ao poder em assumir o controle das instâncias de produção da memória coletiva do país."

Marieta de Moraes Ferreira. História do tempo presente: desafios, 2000.

A CONSTRUÇÃO DO CAMPO DISCIPLINAR NA FRANÇA

O século XIX foi um momento chave para a institucionalização do ensino universitário de História e para a afirmação da História como disciplina científica. O trecho selecionado a seguir destaca os conflitos travados na França para o controle desse novo campo disciplinar.

O IHGB E A ESCRITA DA HISTÓRIA BRASILEIRA

O texto do historiador brasileiro Manoel Salgado destaca o papel do Instituto Histórico e Geográfico Brasileiro (IHGB), criado no século XIX, como instituição voltada para a produção de uma História nacional comprometida com a construção de valores que garantissem delineamento de um perfil para a nação brasileira. A Revista do IHGB deveria funcionar como um veículo para desenvolver nas novas gerações o amor à pátria e às instituições.

"É no bojo do processo de consolidação do Estado Nacional que se viabiliza um projeto de pensar a História brasileira de forma sistematizada. A criação, em 1838, do Instituto Histórico e Geográfico Brasileiro (IHGB) vem apontar em direção à materialização deste empreendimento, que mantém profundas relações com a proposta ideológica em curso. Uma vez implantado o Estado Nacional, impunha-se como tarefa o delineamento de um perfil para a 'Nação brasileira', capaz de lhe garantir uma identidade própria no conjunto mais amplo das 'Nações', de acordo com os novos princípios organizadores da vida social do século XIX. Entretanto, a gestação de um projeto nacional para uma sociedade marcada pelo trabalho escravo e pela existência de populações indígenas envolvia dificuldades específicas, para as quais já alertava José Bonifácio em 1813: '[...] amalgamação muito difícil será a liga de tanto metal heterogêneo, como brancos, mulatos, pretos livres e escravos, índios etc. etc. etc., em um corpo sólido e político'.

É, portanto, à tarefa de pensar o Brasil segundo os postulados próprios de uma História comprometida com o desvendamento do processo de gênese da Nação que se entregam os letrados reunidos em torno do IHGB. [...]

A Revista do IHGB, penetrada da concepção exemplar da História, abre uma rubrica em seu interior dedicada às biografias, capazes de fornecer exemplos às gerações vindouras, contribuindo desta forma também para a construção da galeria dos heróis nacionais. Mas não é apenas uma visão pragmática e exemplar da História que se abriga no projeto historiográfico do IHGB. A concepção de História partilhada pela instituição guarda um nítido sentido teleológico, conferindo ao historiador, através de seu ofício, um papel central na condução dos rumos deste fim último da História. A este respeito exprimia-se a Revista em seu número de abril a junho de 1847:

'Deve o historiador, se não quiser que sobre ele carregue grave e dolorosa responsabilidade, pôr a mira em satisfazer aos fins políticos e moral da História. Com os sucessos do passado ensinar à geração presente em que consiste a sua verdadeira felicidade, chamando-a a um nexo comum, inspirando-lhe o mais nobre patriotismo, o amor às instituições monárquico-constitucionais, o sentimento religioso, e a inclinação aos bons costumes'."

Manoel Luiz Salgado Guimarães. Nação e civilização nos trópicos:
o Instituto Histórico e Geográfico Brasileiro e o
projeto de uma História nacional, 1988.

5. O ofício do historiador

A História como campo disciplinar surgiu ao longo do século XIX. Até então, a maneira de compreender os fatos do passado era bem diferente. Do seu surgimento como um gênero, na Grécia, até a sua profissionalização, no século XIX, a História ocupou importância variada, conforme as necessidades do momento.

O historiador, muitas vezes próximo de um cronista, limitava-se, dentro do espírito da época, a recolher ações exemplares do passado, estabelecer linhas dinásticas dos reis, traçar genealogias dos nobres, descrever batalhas. O entendimento da função do historiador está diretamente relacionado à função da História no plano social. Seu papel será tão mais importante quanto for a consciência da relevância da História para a leitura e a compreensão do cotidiano das pessoas de seu tempo.

A partir do século XIX, progressivamente, a História foi se tornando um espaço de saber dominado por especialistas, que passaram a ter formações específicas. O surgimento de um campo disciplinar — dotado de regras de participação, rituais de entrada e exclusão, seminários — provocou a defesa de um saber especializado, feito por um profissional: o historiador. Assim, ganhou espaço a noção de que, embora o historiador não seja o "proprietário" do passado, ele é quem melhor detém instrumentos para realizar um trabalho baseado em critérios acordados pela comunidade de historiadores, porque detém as técnicas e crivos que dizem respeito a um conhecimento específico.

Essas comunidades de especialistas foram (e são) responsáveis por estabelecer padrões de qualidade da História produzida, definir as tendências de pesquisa, metodologias etc. Assim, gradativamente, a "qualidade" da escrita da História, como em qualquer campo disciplinar, passou a depender do respaldo das instituições em que estavam inseridas.

O estabelecimento de fronteiras entre o que é História (conhecimento) e o que é a história vivida foi (e continua sendo) um dos grandes desafios para todos os que trabalham profissionalmente com a história. Não se trata de definir melhores ou piores histórias, mas de estabelecer os critérios, métodos e condições em que cada uma delas foi escrita.

Bibliografia sugerida

BLOCH, Marc. *Apologia da História, ou o ofício do historiador*. Prefácio Jacques Le Goff. Tradução A. Telles. Rio de Janeiro: Jorge Zahar, 2001.

CERTEAU, Michel de. *A escrita da História*. 2. ed. Tradução Maria de Lourdes de Menezes. Rio de Janeiro: Forense Universitária, 2002.

CHESNEAUX, Jean. *Devemos fazer tábula rasa do passado?* Sobre a História e os historiadores. São Paulo: Ática, 1995.

COSTA, Célia. O Arquivo Público do Império: legado absolutista na construção da nacionalidade. *Revista Estudos Históricos*, Rio de Janeiro: CPDOC-FGV, v. 14, n. 26, p. 2-17, 2000.

FALCON, Francisco. A identidade do historiador. *Revista Estudos Históricos*, Rio de Janeiro: CPDOC-FGV, n. 17, p. 7-31, 1996.

PROST, Antoine. *Doze lições sobre a História*. Belo Horizonte: Autêntica, 2008. p. 33.

RÜSEN, Jörn. *Reconstrução do passado:* os princípios da pesquisa histórica. Brasília: UnB, 2007. (Teoria da História, 2)

VEYNE, Paul. *Como se escreve a história*. 3. ed. Brasília: UnB, 1995.

Para aprofundar o tema

O PAPEL SOCIAL DO HISTORIADOR

O texto do historiador francês Antoine Prost chama atenção para a afirmação do ofício do historiador no século XIX.

"A história está presente na nossa sociedade não apenas através de uma disciplina universitária, de livros e de algumas grandes figuras, mas também [...] por um grupo de pessoas que se afirmam historiadores com o acordo de seus colegas e do público. Esse grupo, por sua vez, diversificado, compreendendo essencialmente professores e pesquisadores, está unido por uma formação comum, uma rede de associações e de revistas, assim como pela consciência nítida da importância da história. Além de compartilhar critérios de julgamento — sobre a produção de obras históricas, sobre o que é um bom ou ruim livro de História, sobre o que um historiador deve, ou não deve, fazer —, ele está unido por normas comuns, a despeito de previsíveis clivagens internas. Em suma, estamos em presença de uma profissão — poderíamos dizer, quase, de uma corporação — se levarmos em consideração o grande número de referências ao ofício, à oficina e à bancada de trabalho que circulam no interior do grupo."

Antoine Prost. *Doze lições sobre a História*, 1996.

"A preocupação com os documentos públicos, na verdade, data de muitos séculos atrás. Durante a Antiguidade os reinos orientais, as cidades gregas e o Império Romano possuíam arquivos onde se guardavam a correspondência diplomática, os tratados entre os diversos povos e os papéis relativos às famílias reais e às finanças. Depois da queda do Império Romano do Ocidente, muitos desses arquivos foram destruídos, e muito pouca coisa anterior ao século XI subsistiu. [...] Os historiadores portugueses apontam 1378 como o ano de provável criação do Arquivo da Torre do Tombo, em Portugal. Esses arquivos de Estado, cujo modelo vigorará até final do século XVIII, tinham como principal finalidade colocar nas mãos dos soberanos

A IMPORTÂNCIA DOS ARQUIVOS

Durante o século XIX começaram a ser criados os "arquivos nacionais", destinados a preservar a memória das nações. Foi durante esse período que os arquivos ganharam espaço institucional, devendo ser acessíveis a todos os cidadãos.

um importante instrumento de governo — a informação. Nesse sentido serão secretos e estarão exclusivamente a serviço das monarquias. A Revolução Francesa romperá com esse modelo criando os arquivos nacionais, cujos objetivos consistiam em atender ao Estado e à nação, isto é, às demandas do cidadão.

A partir do século XIX, os historiadores, inspirados no modelo francês de arquivos e convencidos da necessidade do documento como prova empírica para desenvolver uma 'História científica', começam a pressionar os arquivos de Estado para abrirem suas portas à pesquisa histórica. Assiste-se então ao surgimento de vários arquivos nacionais, entre eles o da Inglaterra, em 1838. No Brasil, o Arquivo Público do Império também foi fundado em 1838, no momento de afirmação da independência do país."

Célia Costa. O Arquivo Público do Império:
legado absolutista na construção da nacionalidade, 2000.

O BRASIL E A CRIAÇÃO DO ARQUIVO NACIONAL

No Brasil, o Arquivo Público do Império foi criado em 2 de janeiro de 1838, conforme havia sido previsto na Constituição de 1824. Estabelecido, provisoriamente, na Secretaria de Estado dos Negócios do Império, tinha por finalidade guardar os documentos públicos. Em 1911, recebeu a designação que conserva ainda hoje: Arquivo Nacional.

Fachada do Arquivo Nacional, Rio de Janeiro/RJ, 2009. Henrique Esteves/ Futura Press

Parte II

Vertentes historiográficas

1. O que é historiografia?

A palavra historiografia vem do grego e designa "aquele que escreve"; "descreve a História". Em síntese, historiografia refere-se à História elaborada a partir da escrita da História. Diz respeito a qualquer parte da produção historiográfica, ou seja, ao conjunto de escritos dos historiadores acerca de um tema ou período histórico específico.

A confecção da História é sempre afetada pelo tempo, por isso, estudar a historiografia é rever e analisar os enfoques da narração, as interpretações, as visões de mundo, o uso de evidências ou documentos, assim como os métodos utilizados pelos historiadores no momento em que produziram a narrativa histórica sobre os acontecimentos passados.

Por que a História é constantemente rescrita em um eterno repensar sobre os acontecimentos vividos? Porque as interpretações sobre o vivido mudam com o tempo e conforme a pessoa que o interpreta. A chegada dos portugueses às terras que hoje constituem o Brasil, em 22 de abril de 1500, é um fato histórico com alto grau de precisão, no entanto, as interpretações sobre os motivos, o contexto e as consequências desse evento podem ser constantemente revistas.

Os vestígios do passado não fornecem uma única possibilidade de compreensão, fornecem indícios possíveis às perguntas que o historiador apresenta no momento de sua análise. Os historiadores estão certos de que a Revolução Francesa estourou em 1789 e de que desencadeou movimentos importantes para a formação do Ocidente contemporâneo, no entanto, os historiadores podem divergir nas interpretações, por exemplo, sobre a relevância dos eventos, ou ainda, sobre o impacto revolucionário nas populações. Isso quer dizer que a compreensão dos fatos está diretamente ligada à pessoa do historiador, à produção de novos trabalhos sobre temas correlatos e, sobretudo, ao tempo em que tais perguntas foram feitas.

Para além das questões de fundo subjetivo, ligadas ao historiador, a escrita da História também sofre influências das demandas que são geradas nas instituições nas quais é produzida. As correntes historiográficas influenciam no estilo, nos métodos e nos temas que serão escolhidos. Durante algum tempo, acreditou-se que a História quantitativa era a maneira mais "correta" de escrever a História. Dentro dessa perspectiva, foram produzidos vários trabalhos. Mas a partir de um debate e da valorização de novos enfoques, os trabalhos passaram a dar menos importância à análise quantitativa e puderam formular novas formas de escrita, estudar novas temáticas, sempre de acordo com as tendências em voga. Embora a História tenha buscado outras formas de análise, os trabalhos quantitativos não perderam seu valor explicativo e sua relevância historiográfica. Examinar a História não pressupõe fornecer visões mais verdadeiras que as anteriores, mas compreender as perguntas que foram importantes no momento de elaboração do trabalho.

Cabe ao estudo da historiografia, para que possamos entender o funcionamento da própria disciplina, conhecer as circunstâncias e as redes de poder em que os historiadores estavam inseridos quando produziram uma narrativa histórica. É por meio da historiografia que os especialistas conseguem perceber quais as concepções de História vigentes, quais as metodologias e quais os aspectos de recuperação do passado que estão em voga num determinado momento.

Questões fundamentais em certas épocas são negligenciadas em outras. O predomínio das fontes escritas deu lugar às inúmeras possibilidades de documentos para a análise do historiador. Somente através do estudo desses vários aspectos é possível entender o porquê de determinadas visões, ou a ausência de discussão sobre certos assuntos.

Quando dizemos que uma historiografia está superada, temos por orientação certos núcleos de pesquisa que funcionam como referência. Os historiadores repensam seus objetos a partir das tendências téorico-metodológicas vigentes. Se no fim do século XIX, na França, havia o predomínio da chamada Escola Metódica, a partir dos anos 1940, tornou-se cada vez mais clara a influência dos Annales, propondo novas formas de utilização de fontes e de concepções do tempo. Dentro dos Annales, é possível encontrar outras correntes com enfoques diferenciados. A Micro-História, a Nova História Política e a História Cultural também são vertentes historiográficas que propõem ângulos de visão diferenciados sobre o passado. Como já foi dito, as correntes historiográficas não devem ser entendidas como portadoras de verdades históricas. Seu exercício é o da aproximação, da tentativa de fornecer uma versão ou leitura mais fidedigna do vivido, uma vez que a verdade absoluta é, por definição, inalcançável a qualquer historiador.

Estudar a "História da História" ajuda a entender como o discurso historiográfico não é neutro, e sim sustentado por verdades provisórias, sempre sujeitas a reavaliações, fato que demonstra de maneira inegável que o passado não é um assunto encerrado e morto. Pelo contrário, tem por pressuposto ser capaz de ler a História feita por profissionais também como objeto de crítica e análise: é preciso levar em consideração o contexto em que foi escrita, onde e por quem.

Bibliografia sugerida

BOURDÉ, Guy; MARTIN, Hervé. *As escolas históricas*. Lisboa: Europa-América, 2000.

CAIRE-JABINET, Marie-Paule. *Introdução à historiografia*. Tradução Laureano Pelegrin. Bauru: Edusc, 2003.

CERTEAU, Michel de. *A escrita da História*. 2. ed. Tradução Maria de Lourdes de Menezes. Rio de Janeiro: Forense Universitária, 2002.

FREITAS, Marcos Cezar de. *Historiografia brasileira em perspectiva*. São Paulo: Contexto, 1998.

MALERBA, Jurandir (Org.). *A História escrita* — Teoria e história da historiografia. São Paulo: Contexto, 2006.

REIS, José Carlos. *História & teoria:* historicismo, modernidade, temporalidade e verdade. Rio de Janeiro: FGV, 2003. p. 173-175.

RICOEUR, Paul. *A memória, a história, o esquecimento*. Campinas: Unicamp, 2007. p. 392-393.

Para aprofundar o tema

POR QUE RESCREVER A HISTÓRIA?

Neste trecho, o historiador brasileiro José Carlos Reis discute a relação entre passado e presente na construção do conhecimento histórico. Por que uma análise, tradicionalmente aceita, sofre com frequência alterações e muitas vezes chega a ser abandonada? Por que os historiadores repensam suas análises? Existe uma verdade histórica definitiva? Apoiando-se em textos de diversos historiadores, Reis lembra que toda leitura do passado é irremediavelmente afetada pelo presente. Também por isso, a ideia de uma verdade única e definitiva não é válida para as ciências humanas.

"A representação do passado é incontornavelmente afetada pelo tempo. [...] O passado é delimitado, selecionado e reconstruído criticamente em cada presente. Este sempre lança sobre o passado um olhar novo, ressignificando-o. No presente, o historiador se relaciona também com o futuro: toma partido, vincula-se a planos e programas políticos, faz juízos de valor e age. O desdobramento do tempo pode mudar o tipo e a qualidade da História. O passado é retomado em cada presente sempre sob um ângulo novo. Um fato pode ser anódino no presente e decisivo no futuro. O passado é tematizado no presente e reinterpretado. O presente não é um mero receptáculo do passado. Cada presente estabelece uma relação particular entre passado e futuro, isto é, atribui um sentido ao desdobramento da História, faz uma representação de si em relação às suas alteridades — o passado e o futuro. [...]

Cada representação presente, portanto, é ao mesmo tempo original e inclui como interlocutoras as representações anteriores, criando uma verdade caleidoscópica. Além disso, o historiador não é um falsário. E, se é parcial, não o é sem sabê-lo. A História produz verdades: apoia-se em documentos, busca ser controlável racionalmente. O historiador tem alguma liberdade de criação: hierarquiza causas; formula problemas e hipóteses; seleciona fatos, eventos e processos, agenciando-os. Mas a divergência entre os historiadores é favorável à verdade: os adversários filtram a argumentação e a documentação uns dos outros. A História é capaz de recuperar tecnicamente os eventos com alguma segurança. Mas a questão da verdade histórica está no juízo que é feito desses fatos. Que juízo de valor atribuir-lhes? A teoria da História é que sustenta o sentido dos fatos e fontes. A História vai além dos fatos e fontes. Estruturas não são observáveis; são construções teóricas. É a teoria que decide e que conta — se a História é econômica ou teleológica, é a teoria que decide. Temos a necessidade da teoria da História, pois é ela que estrutura a subjetividade do historiador e o leva a fazer falar as fontes.

Uma verdade histórica caleidoscópica exige o exame da historiografia anterior. É uma representação do passado feita por um presente [...] e que dialoga com as outras representações desse mesmo passado ou de outros passados feitas em outros presentes.

A verdade histórica aqui se aproximaria talvez do que se pode obter em uma galeria de arte: temas selecionados pelo sujeito ou até mesmo um mesmo tema, cada presente o reconstrói e representa à sua maneira. Cada presente escolhe o passado e o pinta ou esculpe com a sua sensibilidade, com as suas técnicas, com o seu enfoque e perspectiva, com as suas perguntas, com as suas paixões e interesses. Verdade e perspectiva temporais são inseparáveis. [...] O passado é sempre retomado em um ângulo novo, mas que supõe o conhecimento e o diálogo com os anteriores. A verdade histórica se relaciona muito com a 'História da História'. [...] A verdade histórica não pode se reduzir a um enunciado simples, fechado, homogêneo e atemporal. Obtém-se algo próximo dela examinando todas as leituras possíveis de um objeto. O exame exaustivo, multifacetado, nuançado de um tema é que diz a sua verdade. Como as possibilidades novas de abordar um tema histórico são infinitas, as novas leituras são múltiplas no presente e ao longo do tempo. Conhecer a verdade de um tema histórico é reunir e juntar todas as interpretações do passado e do presente sobre ele."

José Carlos Reis. *História e Teoria: historicismo, modernidade, temporalidade e verdade*, 2003.

A História escrita hoje pode não ter um maior grau de verdade que as interpretações passadas. A compreensão do vivido dá a conhecer aspectos que são mais caros aos historiadores atuais, na medida em que responde perguntas ligadas ao presente. Toda escrita da História deve ser entendida numa estreita ligação com o seu tempo de forma a compreender as motivações em jogo de cada época.

"O caráter retrospectivo da História não poderia constituir para ela um aprisionamento na determinação. Seria o caso se ficássemos presos à opinião segundo a qual o passado não pode mais ser mudado e, por essa razão, parece determinado. De acordo com essa opinião, só o futuro pode ser tido como incerto, aberto e, nesse sentido, indeterminado. De fato, se os fatos são indeléveis, se não podemos mais desfazer o que foi feito, nem fazer com que aquilo que aconteceu não tenha ocorrido, em compensação, o sentido do que aconteceu não é determinado de uma vez por todas; além de os acontecimentos do passado poderem ser contados e interpretados de outra forma, a carga moral vinculada à relação de dívida para com o passado pode se tornar mais pesada ou mais leve.

[...]

A historiografia também compreende o passado como 'retorno' de possibilidades escondidas."

Paul Ricoeur. *A memória, a história, o esquecimento*, 2000.

A NECESSIDADE DE REPENSAR A HISTÓRIA

Paul Ricoeur (1913-2005) foi um dos grandes filósofos e pensadores franceses pós-Segunda Guerra Mundial. No texto a seguir, ele justifica a necessidade de rescrever o passado sob as demandas do presente do historiador. A compreensão dos acontecimentos muda conforme o tempo e é influenciada, também, pela conjuntura que cerca a escrita da História. Por isso, ao contrário do que se pode imaginar, o passado não está morto, mas, pelo contrário, vivo, na medida em que pode privilegiar ou negligenciar aspectos conforme a época em que foi interpretado. É por meio de um exercício incessante de reavaliação dos acontecimentos que a historiografia repensa seus objetos e explicações.

Paul Ricoeur, filósofo e pensador francês.
Juerg Mueller/AP Images/Imageplus

2. A Escola Metódica

A Escola Metódica surgiu em torno da ideia, vigente em fins do século XIX, de que a História poderia se constituir numa ciência positiva. Os historiadores metódicos, por pretenderem dotar a História de um estatuto científico, criticavam as especulações de caráter filosófico, buscando o máximo de exatidão no trabalho com as fontes.

Por meio de um inventário e crítica rigorosa dos documentos, esses historiadores faziam parte da geração que começou a organizar a profissão em vários países europeus, especialmente na França. Foram eles os primeiros a ocupar as novas cadeiras depois da reforma do ensino universitário no país. O lugar institucional dava-lhes também a oportunidade de exercer uma influência difícil de imaginar alguns anos antes: os historiadores franceses passaram a dirigir grandes coleções, formular programas e livros de História destinados aos alunos dos ensinos primário e secundário. Com o processo de escolarização em massa, vigente em grande parte dos países europeus ao longo do século XIX, a História passou a ser uma disciplina de grande importância formativa para as massas.

Uma das principais influências da corrente metódica foi o historiador alemão Leopold von Ranke (1795-1886). Suas ideias influenciaram historiadores franceses e alemães por gerações. Ranke formulou críticas ao predomínio das filosofias da História, acusando-as de essencialistas, excessivamente especulativas, subjetivas e moralizantes. Seu lugar no panteão da "História da História" está assegurado como aquele que inaugurou a moderna forma de conceber a escrita da História, segundo os procedimentos de uma ciência. Ranke criou novos procedimentos para o trabalho com o passado: a História deixava de ser disciplina preparatória para estudos já assentados na universidade alemã (como a Teologia, o Direito) e passava a ter identidade própria, uma vez que o passado passou a ser matéria do conhecimento e da investigação.

A importância que a disciplina assumiu na França estava ligada à conjuntura histórica de fins do século XIX. A vitória alemã na Guerra Franco-Prussiana, em 1871, foi vista pelos franceses como resultado direto da perfeita organização das instituições militares, civis, intelectuais alemãs. Os franceses procuraram, então, usar a suposta superioridade das teorias alemãs para conseguir também a superioridade da nação francesa derrotada.

Em 1898, os historiadores franceses Charles-Victor Langlois e Charles Seignobos, professores da Sorbonne, publicaram o livro Introdução aos estudos históricos, que se tornou uma referência da Escola Metódica. Trata-se de uma obra que traçou as diretrizes do ofício do historiador de forma a definir um conjunto de regras que buscavam atingir a objetividade histórica. Essa escola foi, muitas vezes erroneamente, chamada de positivista. Contudo, convém ressaltar que se trata de movimentos distintos: a Escola Metódica tem a pretensão de encontrar uma História positiva (e não positivista), no sentido de ser verificável por meio de documentos.

Embora seja frequente a associação entre a Escola Metódica e a pretensão de uma verdade absoluta no conhecimento do passado, é preciso estabelecer diferenças na sua produção. Langlois e Seignobos, na obra Introdução aos estudos históricos, advertiam que conhecimento histórico é sempre um conhecimento indireto, pois só é possível conhecer o passado por meio de traços (documentos) que são objeto de observação dos historiadores. Na sua concepção, ao contrário do que é vulgarmente conhecido, o passado não pode ser conhecido tal qual ele aconteceu.

No entanto, embora essa corrente tenha pretendido seguir à risca os preceitos do método histórico, viu-se confrontada com vários desafios de ordem prática. Como dito anteriormente, foram os historiadores da Escola Metódica os responsáveis por formular os primeiros programas e manuais escolares nacionais. Na França, a História ensinada nas escolas a partir da III República (1870-1940) teve viés nacionalista e a serviço dos interesses republicanos da elite política que estava no poder. Acreditavam que a disciplina tinha a função de formar cidadãos e, por isso, as diretrizes governamentais tinham por pressuposto que o ensino da História deveria instruir as novas gerações no amor à república e a rejeitar qualquer obscurantismo clerical. Na produção de livros didáticos de História, destinados ao uso escolar, muitos dos pressupostos defendidos pelo método histórico foram esquecidos. Assim, a História metódica contribuiu para construir um passado comum a todos os cidadãos da pátria, as riquezas e belezas do país, a coragem e o gênio dos seus grandes homens e heróis, ajudando a fortalecer o Estado Nacional.

Na Escola Metódica, especialmente na figura de Charles Seignobos, é possível perceber duas faces, um tanto contraditórias, típicas dessa geração: de um lado, o comprometimento com a definição de um conjunto de regras que traçava as normas de uma nova disciplina científica e, ao mesmo tempo, seu engajamento como cidadão republicano nas grandes lutas políticas do seu tempo. Esta segunda orientação manifestou-se de forma mais explícita na produção dos manuais didáticos, que demonstravam o comprometimento com os ideais da III República.

Bibliografia sugerida

FERREIRA, Marieta de Moraes. *História, tempo presente e História oral*. Topoi Revista de História, Rio de Janeiro, n. 5, p. 314-332, 2002.

HOLANDA, Sérgio Buarque (Org.). *Leopold von Ranke:* história. São Paulo: Ática, 1979.

RANKE, Leopoldo von, apud RÜSEN, Jörn. *História viva:* formas e funções do conhecimento histórico. Brasília: UnB, 2007. p. 18. (Teoria da História, 3)

REIS, José Carlos. *A História entre a Filosofia e a Ciência*. 3. ed. Belo Horizonte: Autêntica, 2006.

RÜSEN, Jörn. *História viva:* formas e funções do conhecimento histórico. Brasília: UnB, 2007. (Teoria da História, 3)

SEIGNOBOS, Charles; LANGLOIS, Charles-Victor. *Introdução aos estudos históricos*. São Paulo: Renascença, 1946. p. 148 e ss.

Para aprofundar o tema

"A História distingue-se das demais ciências por ser, simultaneamente, arte. Ela é ciência ao coletar, achar, investigar. Ela é arte ao dar forma ao colhido, ao conhecido e ao representá-los. Outras ciências satisfazem-se em mostrar o achado meramente como achado. Na História, opera a faculdade da reconstituição. Como ciência, ela é aparentada à filosofia; como arte à poesia."

Leopold von Ranke, 1835.

RANKE E O OFÍCIO DO HISTORIADOR

Leopold von Ranke (1795-1886) foi um dos maiores historiadores alemães do século XIX e influenciou de maneira decisiva os estudos históricos, lançando as bases de um método científico na pesquisa histórica. A partir de 1825, passou a ocupar a cadeira de História na Universidade de Berlim e inaugurou também novos procedimentos para o trabalho com o passado. A História deixava de ser uma disciplina preparatória para outros saberes e passava a ter identidade própria, uma vez que o passado passou a ser matéria do conhecimento e da investigação. Para isso, organizou os procedimentos necessários para a produção desse conhecimento: os seminários em que o trabalho com os estudantes se fazia a partir do exame das fontes. No entanto, Ranke é frequentemente lembrado como aquele que pensou a História como a reprodução pura e simples dos fatos acontecidos no passado, feita pelo historiador através da pesquisa e reprodução das fontes. Não é rara a associação de seu nome à História dita narrativa e até mesmo ao positivismo, num claro desconhecimento do que significou o trabalho de Ranke. No trecho a seguir, Ranke aproxima a História da poesia e da Filosofia, ressaltando a importância da reconstituição histórica no trabalho do historiador.

Leopold von Ranke, historiador alemão.
Album/AKG-Images/LatinStock

"I — Encaremos, primeiramente, os materiais da História. Qual é sua forma e sua natureza? Em que são eles diferentes dos materiais das outras ciências?

Os fatos históricos provêm da análise crítica dos documentos. Eles daí saem cortados aos bocadinhos, em afirmações elementares; porque uma única frase contém várias afirmações e, não raro, aceitamos umas e rejeitamos as outras; cada uma destas afirmações constitui um fato.

Os fatos históricos apresentam o caráter comum de serem todos tirados de documentos; todavia, são acentuadamente díspares.

1º) Representam eles fenômenos de natureza muito diferente. De um mesmo documento extraímos fatos de linguagem (escrita e falada), de estilo, de doutrina, de costumes, de acontecimentos. A inscrição de Mesha nos revela fatos da língua moabita, a crença no deus Kamos, as práticas de seu culto, episódios da guerra dos moabitas contra Israel. Todos estes fatos estão mesclados, sem se distinguirem sequer pela sua natureza. Esta mistura de fatos heterogêneos é um dos caracteres que diferenciam a História das outras ciências. As ciências de observação direta escolhem os fatos que pretendem estudar e, sistematicamente, limitam-se a observar fatos de uma só espécie. As ciências documentárias recebem os fatos observados apenas pelos autores dos documentos, que os apresentam em desordem.

A INTRODUÇÃO AOS ESTUDOS HISTÓRICOS DE CHARLES SEIGNOBOS E CHARLES LANGLOIS

Em 1897, os historiadores franceses Charles Seignobos e Charles Langlois publicaram o manual intitulado Introdução aos estudos históricos, que definia as regras de escrita da História pretendendo divulgar procedimentos e princípios da prática científica entre os jovens estudantes historiadores. Conforme o manual, a História tinha como objetivo descrever "por meio de documentos" as sociedades passadas e suas metamorfoses. O documento e sua crítica eram, assim, essenciais para distinguir a História científica da História literária (praticada pela geração precedente), ou seja, para distinguir os profissionais dos ensaístas.

Charles Seignobos, historiador francês.
Roger Viollet/Imageplus

Para eliminar esta desordem é preciso proceder a uma triagem e agrupar os fatos por espécies. Mas para realizar a triagem seria necessário saber, com precisão, o que em História deve constituir uma espécie de fatos; para agrupar tais fatos haveria necessidade de um princípio de classificação apropriado aos fatos históricos. Ora, em relação a estes dois assuntos capitais, não chegaram ainda os historiadores a formular regras precisas.

2º) Os fatos históricos se apresentam em graus muito diversos de generalidade, desde os muito gerais, comuns a um povo inteiro e com séculos de duração (instituições, costumes, crenças) até os mais fugitivos atos de um homem (uma palavra ou uma atitude). Constitui isto uma diferença a mais, em relação às ciências de observação direta, que partem regularmente de fatos particulares e trabalham metodicamente por condensá-los em fatos gerais. Para formar grupos é preciso reduzir os fatos ao mesmo grau de generalidade a que podemos ou devemos reduzir as diferentes espécies de fatos. E é este, exatamente, um dos pontos sobre o qual não se entendem os historiadores.

3º) Os fatos históricos estão localizados: ocorreram em uma época e um país dados; se lhe retiramos a menção do tempo e do lugar em que se produziram, perdem o caráter histórico e só podem ser utilizados para o conhecimento da humanidade universal (como acontece com os fatos do folclore, cuja procedência ignoramos). Esta necessidade de localizar é também ignorada, pelas ciências gerais; limita-se às ciências descritivas que estudam a distribuição geográfica e à evolução dos fenômenos. É ela que impõe à História a obrigação de estudar separadamente os fatos dos diferentes países e das diferentes épocas.

4º) Os fatos extraídos dos documentos pela análise crítica se apresentam acompanhados de uma indicação crítica sobre a sua probabilidade. Em todos os casos em que não chegamos à certeza completa, todas as vezes em que o fato é simplesmente provável — com mais forte razão quando é suspeito — o trabalho da crítica o entrega ao historiador com uma etiqueta que não temos o direito de retirar e que o impede de entrar para a ciência definitiva. Até os fatos que, comparados a outros, acabam por ser estabelecidos, passam por esta condição transitória, como os casos clínicos que se acumulam nas revistas médicas antes de serem suficientemente provados e, assim, tornarem-se fatos científicos."

Charles-Victor Langlois e Charles Seignobos. *Introdução aos estudos históricos*, 1897.

3. Os *Annales*

Após ter desfrutado de amplo prestígio durante todo o século XIX, a concepção de História formulada pela Escola Metódica entrou em processo de declínio. A fundação, na França, da revista *Annales*, em 1929, por Marc Bloch (1886-1944) e Lucien Febvre (1878-1956) e da *École Pratique des Hautes Études* (Escola Prática de Altos Estudos), em 1948, tendo como presidente Lucien Febvre, deu impulso a um profundo movimento de transformação no campo da História. Em nome de uma História total, uma nova geração de historiadores, que mais tarde ficou conhecida como a *École des Annales* (Escola dos *Annales*), passou a questionar a hegemonia da História política, atribuindo-lhe um número infindável de defeitos: era elitista, anedótica, individualista, subjetiva, factual. Em contrapartida, esse grupo defendia uma nova concepção, em que o econômico e o social ocupavam lugar privilegiado. Dentro dessa perspectiva, novos objetos e novas fontes passaram a ser incorporadas e a fornecer novas visões aos estudos históricos.

Essa nova História sustentava que as estruturas duráveis são mais reais e determinantes do que os acidentes de conjuntura, ou seja, para a compreensão da história, os fenômenos inscritos em um tempo longo, a chamada *longa duração*, são mais significativos do que aqueles de fraca amplitude, de pequena duração. Ainda segundo os *Annales*, os comportamentos coletivos têm mais importância sobre o curso da história do que as iniciativas individuais. As realidades do trabalho e da produção, e não mais os regimes políticos e os eventos, deveriam ser objeto da atenção dos historiadores. O fundamental era o estudo das estruturas, no qual assumia primazia não mais o que é manifesto, o que se vê, mas o que está por trás. O que importava era identificar as relações que — independentemente das percepções e das intenções das pessoas — comandam os mecanismos econômicos, organizam as relações sociais, produzem as formas do discurso.

Segundo a concepção defendida pelos *Annales*, na História política ocorria o contrário dessa nova proposta, pois estava voltada para os acidentes e as circunstâncias superficiais e negligenciava as articulações dos eventos com as causas mais profundas. Noutras palavras, a História política era o exemplo típico da História dita *événementielle* (História dos eventos) feita pela Escola Metódica. Ao privilegiar o nacional, o particular, o episódico, a História política privava-se da possibilidade de comparação no espaço e no tempo e mostrava-se incapaz de elaborar hipóteses explicativas ou produzir generalizações e sínteses que dão às discussões do historiador sua dimensão científica. Era uma História que permanecia narrativa, restrita a uma descrição linear e sem relevo, concentrando sua atenção nos grandes personagens e desprezando as multidões trabalhadoras. Era chegada a hora de passar de uma "História dos tronos e das dominações para aquela dos povos e das sociedades".

Ainda nos primeiros tempos dos *Annales*, as críticas dirigiam-se mais à "História tradicional". Marc Bloch e Lucien Febvre, em seus trabalhos, deixavam espaços para análises políticas, estudos biográficos etc., embora a ênfase recaísse sobre os aspectos econômicos. Mas ao longo dos anos 1950, com a transformação da VI Seção da *École Pratique des Hautes Études* (Escola Prática de Altos Estudos) em *École des Hautes Études en Sciences Sociales* (Escola de Altos Estudos em Ciências Sociais), por Fernand Braudel (1902-1985), os espaços para os estudos relacionados ao político fecharam-se. Para Braudel, o essencial na história era explicado pelas grandes pulsações econômicas.

Nos anos 1960, quando o marxismo conheceu uma grande expansão na França, e se aprofundaram os contatos entre esta vertente historiográfica e os *Annales*, a dimensão política dos fatos sociais foi especialmente marginalizada. Essa postura deveu-se essencialmente à formulação de inúmeras críticas ao papel do Estado, visto como mero instrumento da classe dominante, sem nenhuma margem de autonomia. O político passava a ser apenas um reflexo das pressões econômicas, destituído de dinâmica própria. Assim como a Escola Metódica, os Annales não alteraram a postura no que diz respeito aos períodos históricos de interesse e às fontes orais e visuais, por exemplo. Da mesma forma que na chamada História *événementielle*, os períodos que receberam maior atenção e se tomaram alvo dos estudos renovadores foram prioritariamente as Idades Média e Moderna. O século XX manteve o estigma de objeto de estudo problemático, e a legitimidade de sua abordagem pela História foi constantemente questionada. A impossibilidade de recuo no tempo, aliada à dificuldade de apreciar a importância e a dimensão dos fenômenos a longo prazo, bem como o risco de cair no puro relato jornalístico, foram mais uma vez colocados como empecilhos para a história recente. Em pleno século XX, a história do século XX tornou-se uma história sem historiadores. A chamada História Contemporânea era matéria das Ciências Sociais em geral, mas não da História.

As transformações que se operaram no campo da História a partir da França, e que se difundiram para outros países, tampouco questionaram o predomínio absoluto das fontes escritas. Ao contrário, o reafirmou. Ao valorizar o estudo das estruturas, dos processos de longa duração, a História proposta pelos *Annales* atribuiu às fontes seriais e às técnicas de quantificação uma importância fundamental. Em contrapartida, ao desvalorizar a análise do papel do indivíduo, das conjunturas, dos aspectos culturais e políticos, também desqualificou o uso dos relatos pessoais, das histórias de vida, das biografias. Condenava-se a sua subjetividade, levantavam-se dúvidas sobre as visões distorcidas que apresentavam, enfatizava-se a dificuldade de se obter relatos fidedignos. Alegava-se, também, que os depoimentos pessoais não podiam ser considerados representativos de uma época ou um grupo, pois a experiência individual expressava uma visão particular que não permitia generalizações.

Bibliografia sugerida

BLOCH, Marc. *Os reis taumaturgos*: o caráter sobrenatural do poder régio, França e Inglaterra. Tradução Julia Mainardi. São Paulo: Companhia das Letras, 1993.

BURKE, Peter. *A Escola dos* Annales *1929-1989*: a revolução francesa da historiografia. Tradução Nilo Odália. São Paulo: Unesp, 1991.

CASTRO, Celso; FERREIRA, Marieta de Moraes; OLIVEIRA, Lúcia Lippi (Org.). *Conversando com...* Rio de Janeiro: FGV, 2003. p. 69, 144-145.

DOSSE, François. *A História em migalhas*: dos Annales à Nova História. Bauru: Edusc, 2003.

FEBVRE, Lucien. *Combates pela História*. 3. ed. Lisboa: Presença, 1989.

REIS, José Carlos. *Escola dos* Annales: a inovação em História. São Paulo: Paz e Terra, 2000.

Para aprofundar o tema

"Em outras palavras, creio que a universalização dos *Annales* foi veiculada também por outros fatores além da própria força da corrente dos *Annales*. Aliás, se você quer minha opinião sincera, penso que os *Annales* nunca propuseram uma epistemologia histórica, que não existiu um único metodolólogo na École des *Annales*, e que, por conseguinte, o que fez sua reputação foi algo bastante vago, ou seja, sua proposta de deslocar o tema da História, do político, para o econômico e o social, do curto prazo para o longo prazo. É preciso acrescentar ainda que o acaso fez com que aparecesse um número relativamente grande de bons historiadores na França, depois da Segunda Guerra Mundial, que divulgaram a École des *Annales*, tudo isso somado à existência de uma instituição verdadeira e forte como a École des Hautes Études. Você sabe que existe também uma realidade sociológica da École des *Annales*. Eu sempre digo brincando que a École des *Annales* não tem outra definição senão a de que ela é as pessoas que eu encontro de manhã no elevador. O que existe de comum entre Le Roy Ladurie, Le Goff, eu, Richet etc.? Como podem nos identificar sob uma mesma etiqueta, dizendo: eles são da mesma escola?"

François Furet. Entrevista concedida em abril de 1987.

A DIVERSIDADE DA "ESCOLA" DOS *ANNALES*

François Furet (1927-1997) e Jacques Revel (1942-...) são destacados historiadores e professores da Escola de Altos Estudos em Ciências Sociais de Paris. Considerados representantes ilustres da chamada Escola dos Annales, discutem, nos textos aqui apresentados, suas visões sobre a identidade dessa linha historiográfica chamando atenção para a dificuldade em definir pontos comuns entre os historiadores que se dizem herdeiros de Marc Bloch (1886-1944) e Lucien Febvre (1878-1956).

François Furet, historiador francês.
AP Images/Imageplus

EXISTE UMA "ESCOLA" DOS *ANNALES*?

"É um problema complicado. Em primeiro lugar, não acho que exista uma 'Escola dos *Annales*'. Sempre resisti a essa facilidade de linguagem. Penso que não há um corpo de doutrina que nos permita falar em uma 'escola'. De tal modo que, quando se fala em escola, é por comodidade, ou para fazer existir algo ou, como no caso de Furet, para afirmar: 'Dizem que há uma escola, mas ela não existe'. Não acho que exista uma escola, mas ao contrário de Furet, não penso que não exista coisa alguma. Penso que há um movimento. Esse movimento é bem mais amplo, heterogêneo, misturado, contraditório, como são todos os movimentos, como os movimentos políticos, ideológicos, e isso nada tem de novidade. Mesmo porque, na época em que Furet considerava que ele fazia parte do movimento dos *Annales*, nos anos 60/70, quando ele era até um dos representantes mais autorizados desse movimento, que semelhança havia entre aquilo que ele fazia e o que faziam Le Roy Ladurie, Pierre Goubert ou Marc Ferro? Nenhuma. Que relação havia entre o que fazia Furet e o que fazia Braudel? Mas, naquela época, ninguém ligava. Se não me engano, François Furet teria dito certo dia: 'Escola dos *Annales* são as pessoas que eu encontro no elevador'. Já eu usaria a imagem de um ônibus. No ônibus, há gente que entra e que sai, mas é sempre a mesma linha. Esse problema é relevante para mim, já que estou escrevendo uma história da *Annales*. É verdade que há um monte de coisas diferentes dentro desse movimento. Mas acredito que, apesar de tudo, há um pequeno número de convicções fortes em comum.

A primeira delas é a de que a História é uma ciência social. Essa afirmação não é desprovida de conteúdo, nem de implicações. A segunda é que a História tem a vocação do confronto com as demais ciências sociais. Ao longo da história da *Annales*, as modalidades de confronto mudaram, até recentemente. Mas a ideia de que a relação entre História e Ciências Sociais nasce de uma diferença parece ser uma ideia forte e constitui parte da identidade da revista. O terceiro aspecto que me parece

Capa da obra de Jacques Revel. REVEL, Jacques. *A invenção da sociedade*. Lisboa: Difel, 1989. Arquivo particular

importante, ainda que nem sempre tenha sido um tema constante — hoje é muito presente — é a ideia de experimentação na História. Não no sentido das ciências da natureza, mas no sentido de que a História funciona por meio de um jogo de hipóteses e verificações. Hipóteses explícitas e verificações empíricas. Este elemento esteve presente nas origens da *Annales* e ressurgiu recentemente.

Nada disso garante uma identidade. Não há uma carteirinha da *Annales*. A revista, hoje, é menos eclética do que era 15 anos atrás, mas ao mesmo tempo é aberta. Não existe ortodoxia, a revista pode aceitar coisas bem diversas. Mas penso que a reflexão crítica — a tal 'virada crítica', da qual gente como Furet ficou de fora — foi um meio de estreitar a identidade da revista. Na esteira da *Annales* há gente como eu, que sou mais micro-historiador, e gente como Bernard Lepetit, que foi assumidamente macro-historiador. Isso não nos impediu de trabalhar juntos, nem de conversar. Parece-me desejável que uma revista seja um espaço de troca."

Jacques Revel. Entrevista concedida em fevereiro de 1997.

4. A Nova História

Em meados dos anos 1960, em grande parte beneficiária dos movimentos sociais que estouraram durante a década, a História passou por uma nova onda de renovação metodológica vinda em diversos centros universitários. Na esteira dos movimentos afirmativos das minorias, a escrita da História começou também a redimensionar o papel das mulheres, crianças, homossexuais, pobres. Dentro dessas categorias, abriram-se vários espaços de estudos monográficos que, em grande medida, contestavam os modelos estruturais em voga, fazendo emergir uma "História vista de baixo".

Os movimentos de renovação historiográfica procuravam mostrar que tudo tem história. Em paralelo a esse processo de diversificação de análises, assistiu-se ao aumento potencial de fontes. Tudo passava a ser objeto de verificação atenta do historiador. Não há indício que possa ser desconsiderado, porque todos os acontecimentos cruzados possibilitam a melhor aproximação da realidade vivida.

Na França, ainda que de forma bem controversa, o movimento de renovação historiográfica ficou conhecido como a terceira geração dos *Annales*. Vindos do interior dos *Annales*, esses autores procuravam contestar categorias conceituais consideradas abstratas e generalizantes demais, como estrutura e mentalidade. O termo "História nova", em francês nouvelle histoire, foi ganhando espaço para designar essa então recente tendência da academia francesa. Alguns dos principais defensores foram Jacques Le Goff, Pierre Nora, Marc Ferro, Emmanuel Le Roy Ladurie, Roger Chartier, dentre outros. O privilégio dado às novas possibilidades de análise histórica pode ser percebido já no título de uma coletânea de artigos, lançada em 1974, por Jacques Le Goff e Pierre Nora, História: novos problemas, novas abordagens, novos objetos.

Em 1975, Ladurie publicou Montaillou Povoado Occitanico, um estudo que reuniu uma grande quantidade de fontes de origem diversa, para desvendar o cotidiano de Montaillou, um povoado no sudoeste francês, entre 1294 e 1324. Longe de se preocupar somente com as estruturas sociais imóveis, o autor procurou analisar o espaço, o tempo, as relações do povoado com outras vilas, as práticas cotidianas de cultivo agrícola, as famílias, o poder temporal e eclesiástico, a religiosidade e as formas de salvação, a sexualidade, a morte, as práticas mágicas. Filiado aos *Annales*, herdeiro de Fernand Braudel, Ladurie procurava deixar clara a necessidade de inovação metodológica, recuperando a importância do evento na análise histórica.

Respondendo às críticas do historiador norte-americano Robert Darnton, Roger Chartier, dentre outros historiadores franceses, passaram a rever a utilização do termo mentalidade. A noção de mentalidade retirava o indivíduo da História: a designação era extremamente imprecisa, pareceu estática demais e incapaz de resumir a ação de grupos sociais heterogêneos. Segundo essa crítica, falar em "mentalidade medieval" como uma designação comum a todos os que viviam na Idade Média retirava a ação de indivíduos e de grupos muito diferentes. Era como se todas as pessoas, durante séculos, compartilhassem de uma "mentalidade" comum. Dentro dessa perspectiva, a noção de cultura, num diálogo cada vez mais estreito com a Antropologia, ganhou espaço e deu novos contornos às interpretações históricas.

Outro foco de renovação historiográfica veio da corrente anglo-saxônica. No interior da escola marxista, desde a década de 1960, historiadores como Eric Hobsbawm (1917-...), Christopher Hill (1912-2003) e Edward Palmer Thompson (1924-1993) procuravam redimensionar as análises históricas para além de uma estrutura que determinava as ações sociais. A compreensão das organizações populares em suas lutas cotidianas passou a ser o mote de uma História marcadamente social, repleta de descontinuidades e negociações, com considerável margem de ação dos atores históricos.

A Micro-História italiana, também na década de 1960, encabeçada por Carlo Ginzburg (1939-...), conseguiu adeptos rapidamente. Por meio de um recorte temporal e espacial, a Micro-História busca a compreensão das relações no nível microanalítico de forma a desvendar uma realidade macro. O exemplo mais bem acabado pode ser encontrado em O queijo e os vermes, de Carlo Ginzburg, publicado em 1976, no qual o autor analisa uma grande quantidade de processos inquisitoriais e procura desvendar a história de Menochio, um moleiro condenado pela Inquisição, no século XVI.

Bibliografia sugerida

CHARTIER, Roger. *A História cultural*: entre práticas e representações. Tradução Maria Manuela Galhardo. Rio de Janeiro: Bertrand Brasil, 1990.

FOUCAULT, Michel. *Microfísica do poder*. 26. ed. Rio de Janeiro: Graal, 2008.

LADURIE, Emanuel Le Roy. *Montaillou*: povoado occitânico de 1294 a 1324. São Paulo: Companhia das Letras, 1997.

LE GOFF, Jacques. *A História Nova*. 6. ed. São Paulo: Martins Fontes, 2005.

________. NORA, Pierre (Dir.). *História*. 3. ed. Tradução Terezinha Marinho. Rio de Janeiro: Francisco Alves, 1988. 3 v.

THOMPSON, E. P. *Costumes em comum*: estudos sobre a cultura popular tradicional. São Paulo: Companhia das Letras, 1998.

________. *Senhores e caçadores*. 2. ed. Rio de Janeiro: Paz e Terra, 1987. p. 17.

Para aprofundar o tema

"Visto que parti da experiência de humildes moradores das florestas e segui, através das evidências contemporâneas superficiais, as linhas que ligavam-nos aos poder, em certo sentido as próprias fontes me obrigaram a encarar a sociedade inglesa em 1723 tal como elas mesmas a encaravam, a partir de "baixo". Evitei, até o final do livro, qualquer descrição geral dessa sociedade que pudesse ter vindo a mim através das interpretações de outros historiadores."

Edward Palmer Thompson. *Senhores e caçadores*, 1975.

A HISTÓRIA VISTA DE BAIXO

Edward Palmer Thompson (1924-1993), historiador inglês e um dos responsáveis pelo movimento de renovação na historiografia marxista. Estudioso do movimento operário inglês, Thompson foi influenciado pela Antropologia, e seus estudos sobre as classes populares procuraram resgatar os sentidos e valores produzidos no cotidiano das pessoas comuns e não apenas ditados por estruturas econômicas abstratas.

Capa da obra de Edward Palmer Thompson.
THOMPSON, Edward Palmer. *A formação da classe operária I*: a árvore da liberdade. São Paulo: Paz e Terra, 1997.
Arquivo particular

5. A Micro-História

A Micro-História é um movimento de renovação historiográfica que teve os primeiros trabalhos feitos por historiadores italianos, a partir de meados da década de 1960. Tal como vinha acontecendo nas academias francesa e inglesa, os estudos tenderam a valorizar o papel das pessoas comuns nos processos históricos. Em resposta a uma historiografia essencialmente econômica e estruturalista, os historiadores italianos buscaram analisar os processos históricos associando as dinâmicas de tempo curto à ação dos sujeitos sociais. As transformações da década de 1960, o surgimento de novas formas de manifestação do operariado, o aparecimento de novos atores até então subalternos (mulheres, crianças, homossexuais, pobres) foram fatores que contribuíram para uma reavaliação do papel dos indivíduos na escrita da História.

A nova abordagem do processo histórico sugeria que a visão dos modelos estruturais preconcebidos, que interpretavam a sociedade como um organismo estável, obedecendo fielmente a todas as normas sociais e econômicas, não condizia de maneira satisfatória à conformação de sua própria sociedade. A partir de questões do presente vivido pelos historiadores, a Micro-História passou, então, a propor novas formas de interpretação das sociedades do passado.

Um marco importante para a discussão sobre a metodologia foi o surgimento, em 1966, da revista italiana Quaderni Storici, que rapidamente se tornou um dos principais periódicos de História, reunindo contribuições regulares de importantes pesquisadores. Os debates promovidos pela revista questionavam, por exemplo, a noção de mentalidade, em voga na historiografia francesa. Mas, por sua vez, favoreceram a aproximação e a discussão sobre o uso de métodos da antropologia na produção do conhecimento histórico, estabelecendo, assim, um diálogo profícuo com os *Annales*. Ao longo das décadas de

1970 e 1980, as duas tradições historiográficas travaram importantes discussões teórico-metodológicas, influenciando-se mutuamente.

A Micro-História propõe a redução da escala de análise, o recorte temporal e espacial, seguidos da exploração intensiva do objeto estudado. Numa escala de observação reduzida, a análise desenvolve-se a partir da exploração exaustiva das fontes, envolvendo, inclusive, a descrição etnográfica. Contempla temáticas ligadas ao cotidiano das comunidades, às biografias, muitas vezes de figuras anônimas, que passariam despercebidas na multidão, relacionadas à reconstituição de microcontextos. Dessa forma, recobra a dinâmica de vida de pessoas desconhecidas, restituindo-lhe uma vivacidade que a historigrafia tendia a ver como homogênea e estática.

Os elementos do micro, recolhidos pelo historiador, são, na verdade, os indícios, as pistas que lhe permitem refletir sobre questões que não são vistas num primeiro olhar. Assim trabalhou o historiador italiano Carlo Ginzburg que, como já foi dito, em 1976, publicou O queijo e os vermes, um dos mais importantes trabalhos de Micro-História. Nesse livro, o autor analisou o cotidiano de Domenico Scandella, também conhecido por Menocchio, um moleiro que viveu no século XVI e foi condenado pela Inquisição. Ginzburg procurou reconstituir o universo de um anônimo, de modo a recuperar o signficado e a história de vida das pessoas comuns.

Outro nome importante é o do historiador italiano Giovanni Levi. Junto com Ginzburg, Levi coordenou a publicação, na Itália, da coleção Microstorie, lançada pela editora Einaudi, entre 1981 e 1988. Em 1985, Levi publicou A herança imaterial, no qual analisa as relações do campesinato do povoado de Santena, no antigo regime. Levi procura reconstituir as redes familiares e clientelares, ao longo dos séculos XVII e XVIII, que se organizaram em torno do exorcista piemontês Giovan Battista Chiesa. Para tanto, pesquisou em arquivos notariais, paroquiais e administrativos da região, na tentativa de reconstruir a dinâmica social do povoado.

Convém ressaltar que, partindo de um denominador comum, que é a análise do micro, as vertentes dessa tendência historiográfica não são uniformes. O trabalho da Micro-História tenta compreender como pequenos sinais contidos nas mais diversas fontes podem dar acesso a lógicas simbólicas e sociais que são também lógicas de grupos ou de conjuntos maiores. De uma forma geral, os seguidores da Micro-História apostam que o cruzamento de fontes pode aproximar os historiadores da grande complexidade que constitui/constituiu as experiências históricas. Nesse sentido, a Micro-História tem um grande apelo às fontes, conservando um alto grau de empiria.

Bibliografia sugerida

CHARTIER, Roger. A História hoje — dúvidas, desafios, propostas. *Revista Estudos Históricos*, Rio de Janeiro: CPDOC-FGV, v. 7, n. 13, p. 97-113, 1994.

DAVIS, Natalie Zemon. *O retorno de Martin Guerre*. São Paulo: Paz e Terra, 1987.

GEERTZ, Clifford. *A interpretação das culturas*. Rio de Janeiro: Guanabara, 1989.

GINZBURG, Carlo. *A Micro-História e outros ensaios*. Rio de Janeiro: Bertrand, 1989.

________. *O queijo e os vermes*. São Paulo: Companhia das Letras, 2006.

LEVI, Giovanni. *A herança imaterial*: trajetória de um exorcista no Piemonte no século XVII. Rio de Janeiro: Civilização Brasileira, 2000.

REVEL, Jacques. *Microanálise e construção do social*. Jogos de escala. Tradução Dora Rocha. Rio de Janeiro: FGV, 1998. p. 19-20

________. *Jogos de escala*. Tradução Dora Rocha. Rio de Janeiro: FGV, 1998.

________. Prefácio. In: LEVI, Giovanni. *A herança imaterial*: trajetória de um exorcista no Piemonte do século XVII. Tradução Cynthia Marques de Oliveira. Rio de Janeiro: Civilização Brasileira, 2000. p. 16-17.

Para aprofundar o tema

OS DESAFIOS ATUAIS DA HISTÓRIA

Neste trecho, de 1994, o historiador francês Roger Chartier faz um balanço da importância da Micro-História na mudança das análises históricas.

"Nos últimos dez anos, foram essas certezas, longa e amplamente partilhadas, que foram abaladas. De um lado, sensíveis a novas abordagens antropológicas ou sociológicas, os historiadores quiseram restaurar o papel dos indivíduos na construção dos laços sociais. Daí resultaram vários deslocamentos fundamentais: das estruturas para as redes, dos sistemas de posições para as situações vividas, das normas coletivas para as estratégias singulares. A 'Micro-História',

A MICRO-HISTÓRIA

Duas principais vertentes se destacam nos trabalhos de Micro-História: a primeira, defendida por historiadores como Jacques Revel, conhecida por corrente relativista, defende que as lógicas sociais seguem sentidos distintos sem haver, necessariamente, uma hierarquia entre elas. Ou seja, a análise das relações microssociais não leva ao entendimento de todas as lógicas de uma determinada sociedade. Segundo essa corrente, para que se tenha uma visão mais complexa é preciso variar a escala de análise, obedecendo a critérios específicos conforme a escala, uma vez que os fenômenos sociais, mesmo que interdependentes, apresentam significados específicos conforme o ângulo de análise. Assim, ao analisarmos o cotidiano de uma pequena vila, é possível perceber significados que são próprios e exclusivos do dia a dia das pessoas, dizem respeito a uma conjuntura social que pode ou não ter relação com processos mais gerais, de ordem macrossocial, como a economia, ou o sistema político do país. A segunda orientação, também conhecida por corrente fundamentalista, inspirada na obra do antropólogo norueguês Frederik Barth, defende que as lógicas socias são constituídas sempre a partir das microrrelações, havendo um privilégio da análise do micro como forma explicativa de toda a lógica social. No trecho a seguir, é possível mostrar como a variação da escala de análise é importante para o trabalho da Micro-História.

inicialmente italiana, hoje espanhola, foi a tradução mais viva dessa transformação da abordagem histórica baseada no recurso a modelos interacionistas ou etnometodológicos. Radicalmente diferente da monografia tradicional, a Micro-História pretende construir, a partir de uma situação particular, normal porque excepcional, a maneira como os indivíduos produzem o mundo social, por meio de suas alianças e seus confrontos, através das dependências que os ligam ou dos conflitos que os opõem. O objeto da História, portanto, não são, ou não são mais, as estruturas e os mecanismos que regulam, fora de qualquer controle subjetivo, as relações sociais, e sim as racionalidades e as estratégias acionadas pelas comunidades, as parentelas, as famílias, os indivíduos."

Roger Chartier. A história hoje – dúvidas, desafios, propostas, 1994.

"A mudança da escala de análise é essencial para a definição da Micro-História. É importante compreender bem sua significação e suas implicações. Os historiadores, assim como os antropólogos, costumam trabalhar com conjuntos circunscritos, de tamanho reduzido.

[...]

A abordagem micro-histórica é profundamente diferente em suas intenções, assim como em seus procedimentos. Ela afirma em princípio que a escolha de uma escala de análise particular de observação produz efeitos de conhecimento, e pode ser posta a serviço de estratégias de conhecimento. Variar a objetiva não significa apenas aumentar (ou diminuir) o tamanho do objeto no visor, significa modificar sua forma e sua trama. Ou, para recorrer a um outro sistema de referências, mudar as escalas de representação em cartografia não consiste apenas em representar uma realidade constante em tamanho maior ou menor, e sim transformar o conteúdo da representação (ou seja, a escolha daquilo que é representável). Notemos desde já que a dimensão "micro" não goza, nesse sentido, de nenhum privilégio especial. É o princípio da variação que conta, não a escolha da escala em particular."

Jacques Revel. Microanálise e construção do social, 1998.

A CONTRIBUIÇÃO DA MICRO-HISTÓRIA

No trecho a seguir, o historiador francês Jacques Revel (1942-...) revê o papel da Micro-História na revalorização das ações particulares e dos papéis sociais de indivíduos.

"A história social dominante refletia sobre agregados anônimos acompanhados durante um longo período. Seu próprio peso ameaçava não lhe permitir articular entre si os diferentes aspectos das realidades pelas quais se interessava através de categorias precocemente solidificadas. Ela tinha dificuldades para apreender as durações médias ou curtas e com mais razão ainda os acontecimentos; não sabia muito o que fazer com os grupos restritos, recusava-se por definição a levar em conta o individual. Assim, vastos territórios permaneciam abandonados, que se poderia tentar conhecer. [...] Apoiados pela enorme jazida arquivística italiana, os autores [Carlo Ginzburg e Carlo Poni] propunham uma outra 'maneira' de conceber a história social acompanhando o 'nome' próprio dos indivíduos ou dos grupos de indivíduos. [...] Sobretudo, permite destacar, ao longo de um destino específico — o destino de um homem, de uma comunidade, de uma obra —, a complexa rede de relações, a multiplicidade dos espaços e dos tempos nos quais se inscreve. [...] 'A análise micro-histórica tem portanto duas faces. Usada em pequena escala, torna muitas vezes possível uma reconstituição do vivido inacessível às outras abordagens historiográficas. Propõe-se por outro lado a identificar as estruturas invisíveis segundo as quais esse vivido se articula.' [...] Parece-me mais importante o desejo fortemente afirmado de estudar o social não como um objeto dotado de propriedades, mas sim como um conjunto de inter-relações móveis dentro de configurações em constante adaptação. Percebe-se bem aqui a influência de uma antropologia anglo-saxã [...] mais atenta, por vezes, à construção de papéis sociais e à sua interação."

Jacques Revel. Prefácio, 2000.

6. Novos caminhos da historiografia

Na virada dos anos 1970 e no decurso da década de 1980, foram registradas transformações expressivas nos diferentes campos da pesquisa histórica: incorporou-se o estudo de temas contemporâneos, revalorizou-se a análise qualitativa, resgatou-se a importância das experiências individuais, ou seja, deslocou-se o interesse das estruturas para as redes, das estruturas de classe para as situações vividas, das normas coletivas para as situações singulares. Paralelamente, ganhou novo impulso a História cultural e ocorreu um renascimento do estudo da política.

A chamada História cultural, renovada nas referidas décadas pelo contato com a Antropologia, procurou ampliar o conceito de cultura, agora entendido como o conjunto dos costumes, valores e modos de vida que dão sentido à experiência histórica dos indivíduos. Progressivamente, a cultura passou a ser entendida como um elemento-chave para a compreensão das transformações sociais, fossem elas de fundo político ou mesmo econômico. A partir dessa visão ampla, os historiadores romperam com a dicotomia das noções de cultura erudita e popular, valorizando os aspectos de circularidade das culturas, como elementos que se comunicam e se influenciam mutuamente.

Distanciando-se da noção marxista de que a política era determinada pelas estruturas econômicas, os estudos começaram a perceber que a política tinha consistência própria e dispunha de autonomia em relação a outras instâncias da realidade social. O resgate da temática, não como um domínio qualquer, mas como o lugar privilegiado de articulação do todo social, trouxe à tona alternativas importantes para a revalorização da ação dos atores e de suas estratégias. Associada à renovação da História política, e não apenas determinada por ela, ocorreu uma revalorização do papel dos indivíduos na história.

Dentro dessa postura, foram atribuídos novos significados aos depoimentos, relatos pessoais e biografias, reavaliando-se os limites e as vantagens dessas fontes. Contra as noções de mentalidade e de longa duração, que diluíam os indivíduos em grandes períodos históricos e em multidões anônimas, a historiografia procurou renovar a abordagem biográfica, argumentando que o relato pessoal podia assegurar a transmissão de uma experiência coletiva, constituindo-se em uma representação que espelharia uma visão de mundo.

A emergência da história do tempo presente, portadora da singularidade de conviver com testemunhos vivos que, sob certo aspecto, condicionam o trabalho do historiador, ganhou legitimidade. Desde o século XIX, a necessidade de uma visão retrospectiva e o distanciamento dos fatos colocava uma interdição para os estudos da história recente. As transformações das sociedades modernas e as consequentes mudanças no conteúdo dos arquivos, que cada vez mais passam a dispor de registros sonoros, impulsionam a tendência a uma revisão do papel das fontes escritas e orais. Nesse sentido, a legitimidade do tempo presente como objeto de investigação histórica abriu espaço para uma nova gama de estudos e questões teóricas e metodológicas para o ofício do historiador.

O retorno da política e a revalorização do papel dos indivíduos estimularam o estudo dos processos de tomada de decisão, do lugar dos eventos e da cultura política. Esses novos objetos de análise também dão maior oportunidade ao uso dos depoimentos orais.

Outra linha de renovação no campo da história do século XX operou pela via da história das representações, do imaginário social e dos usos políticos do passado pelo presente através do debate sobre as relações entre história e memória. Podem ser citados como exemplos os trabalhos de Maurice Aguillon, Pierre Nora e Henry Rousso. Nora e seus colaboradores, utilizando uma noção renovada de memória coletiva, permitiram aos historiadores repensar as relações entre o passado e o presente, e definir para a história do tempo presente o estudo dos usos do passado.

Pierre Nora aprofundou, ainda, a distinção entre o relato histórico e o discurso da memória e das recordações. A história busca produzir um conhecimento racional, uma análise crítica através de uma exposição lógica dos acontecimentos e vidas do passado. A memória é também uma construção do passado, mas pautada em emoções e vivências; ela é flexível, e os eventos são lembrados à luz da experiência subsequente e das necessidades do presente.

Todas essas inovações se beneficiaram, de forma considerável, de outras disciplinas, reforçando, assim, a importância das abordagens multidisciplinares com a Sociologia, a Antropologia, a Ciência Política, a Linguística e a Psicanálise, por exemplo. As contribuições forneceram novos estímulos para a afirmação e expansão dos estudos a partir de uma linha microanalítica, nas perspectivas abertas pela Micro-História.

Bibliografia sugerida

BERNSTEIN, Serge. A cultura política. In: RIOUX, Jean-Pierre; SIRINELLI, Jean-François (Org.). *Para uma História cultural.* Tradução Ana Moura. Lisboa: Editorial Estampa, 1998. p. 349-364.

CERTEAU, Michel de. *A invenção do cotidiano:* artes de fazer. 9. ed. Petrópolis: Vozes, 2003.

FALCON, Francisco. História e Poder. In: CARDOSO, Ciro Flamarion; VAINFAS, Ronaldo (Org.). *Domínios da História:* ensaios de teoria e metodologia. Rio de Janeiro: Campus, 1997. p. 61-90.

RÉMOND, René. Por que a História política? *Revista Estudos Históricos,* Rio de Janeiro: CPDOC-FGV, v. 7, n. 13, p. 7-20, 1994.

________ (Org). *Por uma História política.* Tradução Dora Rocha. Rio de Janeiro: UFRJ, 1996.

RIOUX, Jean-Pierre; SIRINELLI, Jean-François. *Para uma História cultural.* Tradução Ana Moura. Lisboa: Editorial Estampa, 1998. p. 259-280.

ROSANVALLON, Pierre. *Por uma História conceitual do político.* História, São Paulo, v. 15, p. 27-39, 1996.

THOMPSON, Eduard P. *A formação da classe operária inglesa.* São Paulo: Paz e Terra, 1989. 3v.

Para aprofundar o tema

"Mas houve ainda algo mais: houve a influência difusa de uma filosofia que distinguia as verdadeiras realidades daquelas que, no fundo, não passavam de aparência. Sem nos referirmos de forma explícita a uma filosofia materialista, e particularmente ao marxismo, é bem verdade que prevaleceu durante muito tempo, de forma difusa, uma visão um tanto materialista, que conjugava os postulados mecanicistas de gerações anteriores com o determinismo de uma visão que distinguia, para usarmos o jargão da filosofia, a infraestrutura da superestrutura. Entendia-se que a infraestrutura determinava a superestrutura e constituía a verdadeira realidade. O que importava eram as relações de produção, as forças produtivas; o resto era superestrutura e, portanto, mera consequência ou reflexo, quando não a camuflagem que ocultava as verdadeiras realidades.

Os fatos imateriais — as crenças, as convicções, a religião e... a política — foram relegados a esta superestrutura. Isto levou os historiadores, preocupados em encontrar as verdadeiras realidades, a de certa forma desvalorizar um bom número de aspectos da vida coletiva, tais como as instituições, as relações de direito e a vida política. As constituições, por exemplo, não passavam de atos cartoriais que

---

O RETORNO DA HISTÓRIA POLÍTICA

René Rémond (1918-2007), Presidente do Instituto Nacional de Ciências Políticas, para defender a importância da História política lançou o livro Por uma História política, *no qual apresenta as possibilidades de produção de uma nova História política.*

Capa da obra de René Rémond. Rémond , René. *Por uma história política*. Rio de Janeiro: FGV, 2003. Arquivo particular

traduziam as verdadeiras relações de força. Deter-se na análise de uma constituição era, de certa forma, tomar gato por lebre. A realidade estava em outro lugar. A constituição não passava de um decalque das relações de força. Nessa perspectiva, o político, de certa forma, não passava de um engodo, não era nada além da transcrição, em um outro registro, de realidades mais fundamentais. O político, por si só, não podia agir sobre o resto, estava na dependência das verdadeiras realidades. O paradoxo — abro aqui um rápido parêntese — é que esta filosofia, que negava à política toda razão de existir, que a declarava impotente, foi, talvez, a que suscitou os mais políticos dos comportamentos, que levou os homens a consagrar sua existência à política. Temos aí um enigma, um desses fatos estranhos, mas que só surpreenderiam aqueles que imaginam que as ideologias obedecem a uma lógica puramente racional.

[...]

Não tentarei definir aqui o que é o político, mas também não podemos perder de vista o fato de que existe um campo próprio do político, ainda que variável. A esfera do político absorve problemas ou questões que não se colocavam antes e que, aliás, em alguns casos, tornam a sair dela. Os contornos são pouco nítidos, mas hoje em dia poucos domínios escapam da política. Basta ver a diversidade das chamadas políticas públicas. Existem hoje políticas públicas de saúde, de biologia, de meio ambiente, enfim, de uma série de problemas que nossos antecessores não imaginavam poderem tornar-se um dia objeto de debates políticos ou de escolhas políticas. Sinto-me tentado a dizer que nunca foi tão difícil como hoje descartar o político como um fator superficial ou exterior.

[...]

Eis alguns elementos de resposta à pergunta 'Por que a História do político?'. É desnecessário dizer — embora talvez seja melhor dizê-lo — que nesta tentativa de reflexão e neste esforço de habilitação do político não vai nenhum tipo de reivindicação de hegemonia a seu favor. Se o político é importante, se é possível pensar hoje em dia que ele faz necessariamente parte do percurso, qualquer que seja a atividade, que ele constitui um dos pontos de condensação da sociedade, é preciso dizer também que nem tudo é político, que não se deve reduzir tudo à política, que o político não está sozinho e isolado, mas guarda relações com o resto, com as demais expressões da atividade humana e com a sociedade civil. Reivindico para o político todo o espaço a que faz jus, mas nada além desse espaço. Chego às vezes a ficar preocupado quando constato o sucesso de que ele goza hoje em dia. Temo que alguns neófitos acabem por esquecer que o político se inscreve num contexto mais amplo e que só se é historiador do político — da mesma forma como se é historiador do econômico ou do cultural — sendo-se também um historiador, não diria da totalidade, o que seria presunçoso, mas um historiador preocupado em inscrever este objeto numa visão de História geral.

Como dizia Giovanni Levi, 'nenhum sistema é de fato suficientemente estruturado para eliminar toda possibilidade de escolha consciente, de manipulação ou interpretação das regras. Assim, a biografia constitui o lugar para se verificar a liberdade de que as pessoas dispõem e para se observar como funcionam concretamente os sistemas normativos'."

René Rémond. Por que a História política?, 1994.

Parte III

Problemas e métodos

1. As fontes e a crítica do historiador

O trabalho do historiador se faz a partir de fontes, que são basicamente os vestígios deixados pelos homens ao longo de sua existência. Sem fontes, não há História. Podem ter as mais distintas origens e cada uma, à sua maneira, traduz aspectos que dão a conhecer elementos do passado.

Todo trabalho de História pressupõe, em primeiro lugar, uma delimitação temática (qual o assunto), temporal (qual o período) e espacial (qual a região) do objeto a ser estudado. A partir dessas definições, cabe ao historiador uma seleção de fontes com as quais ele pretende trabalhar. As fontes podem ser de origem diversa e oferecer elementos diferentes e complementares sobre uma determinada experiência histórica. Embora, de uma maneira geral, todos os vestígios do passado possam se constituir em fontes para o historiador, nem todas têm a mesma qualidade, ou seja, dependem de um processo de crítica que as classifica em termos de importância e representatividade para as perguntas que o historiador faz ao seu objeto de estudo.

É a partir das fontes que os historiadores extraem os fatos que utilizarão para a escrita da História. Os fatos nunca são coisas dadas, mas o resultado de um diálogo entre o documento e o seu leitor. Dependem das perguntas que o historiador propõe, dos elementos que tem para poder confrontar com outros fatos, do cruzamento com outras fontes. Dito assim, parece que o fato histórico pode ser construído ao bel-prazer dos pesquisadores, no entanto, diferente dos ficcionistas, é preciso esclarecer que todo fato histórico carece de provas. Por isso, é de suma importância indicar as referências das fontes no trabalho do historiador. Esta é uma regra da profissão: não cabe ao historiador imaginar discursos, inventar diálogos.

O trabalho do historiador deve ser passível de confrontação, por isso, ele deve indicar as obras que leu e os documentos que consultou. O conhecimento histórico parte dessa necessidade de clareza. Somente o exercício rigoroso de crítica das fontes possibilitará ao historiador a legitimidade do seu trabalho. Obviamente, isso não garante o alcance de uma verdade absoluta, mas determina uma das características fundamentais do conhecimento histórico: trata-se de um conhecimento controlado.

E é preciso ressaltar que o processo de crítica não é trabalho de principiantes. A interpretação de um documento significa confrontá-lo com tudo o que se sabe sobre determinado assunto. Toda fonte deve passar por um processo rigoroso de crítica, que verifica a sua constituição física, por exemplo. Um documento do século X jamais seria feito em um tipógrafo; a sua coerência e a compatibilidade com outros textos de mesmas natureza e época, por exemplo, certidões de nascimento do início do século XX, apresentam padrões semelhantes. A crítica da fonte não termina ao averiguar a sua autenticidade, mas segue num contínuo processo de interpretação: de onde vem o documento? Quem o produziu? Quando foi feito? Como foi conservado? Haveria razões, conscientes ou inconscientes, para que o autor deformasse as informações?

Esses procedimentos estendem-se a todas as fontes, porque todo documento é o resultado de uma série de fatores, jogos de poder e influência, interesses que cabe ao historiador desvendar. Não há documento neutro, nem fonte que traga a verdade embutida. Por isso, as fontes, sejam elas escritas (documentos oficiais, cartas, diários, leis), orais, iconográficas (pinturas, retratos, esculturas), devem estar submetidas à análise crítica.

Bibliografia sugerida

BLOCH, Marc. *Apologia da História* — Ou o ofício do historiador. Rio de Janeiro: Jorge Zahar, 2001. p. 98.

CARDOSO, Ciro Flamarion; VAINFAS, Ronaldo (Org.). *Domínios da História*: ensaios de teoria e metodologia. Rio de Janeiro: Campus, 1997.

GUAZELLI, César et al. *Questões de teoria e metodologia da História*. Porto Alegre: UFRGS, 2000.

HOBSBAWM, Eric J. *Sobre História*. São Paulo: Companhia das Letras, 1998.

LE GOFF, Jacques. Documento/Monumento. In: *Enciclopédia Einaudi*: memória-História. Lisboa: Imprensa Nacional/Casa da Moeda, 1984. v. 1.

MESQUITA, Eni de; SILVEIRA, Ismênia. *História & documento e metodologia de pesquisa*. Belo Horizonte: Autêntica, 2007.

PINSKY, Carla Bassanezi (Org.). *Fontes históricas*. São Paulo: Contexto, 2005.

ROUSSO, Henry. O arquivo ou o indício de uma falta. *Revista Estudos Históricos*, Rio de Janeiro: CPDOC-FGV, v. 9, n. 17, 1996.

Para aprofundar o tema

HISTÓRIA E PROVA

O historiador Eric Hobsbawm faz uma importante reflexão sobre a especificidade do conhecimento histórico e estabelece a especificidade da História como uma disciplina válida e dotada de métodos próprios.

"Sem entrar no debate teórico sobre essas questões, é essencial que os historiadores defendam o fundamento de sua disciplina: a supremacia da evidência. Se os seus textos são ficções, como o são em certo sentido, constituindo-se de composições literárias, a matéria-prima dessas ficções são fatos verificáveis. O fato de que os fornos nazistas tenham existido ou não pode ser estabelecido por meio de evidências. Uma vez que isso foi assim estabelecido, os que negam sua existência não estão escrevendo História, quaisquer que sejam suas técnicas narrativas. Se um romance deve tratar do retorno de Napoleão de Santa Helena em vida, ele poderia ser literatura, mas não conseguiria ser História. Se a História é uma arte imaginativa, é uma arte que não inventa, mas organiza objets trouvés (objetos encontrados). A distinção pode parecer pedante ao não historiador, principalmente àquele que utiliza material histórico para seus próprios fins.

[...]

De fato, a insistência dos historiadores [...] em 'procedimentos estritamente científicos, onde cada declaração é acompanhada de provas, fontes de referência e citações', é às vezes pedante e trivial, principalmente agora que isso não participa mais de uma fé na possibilidade de uma verdade científica definitiva, positivista, que lhe conferia uma certa grandeza simplória. No entanto, os procedimentos do tribunal de justiça, que insistem na supremacia da evidência com a mesma força que os pesquisadores históricos, e, muitas vezes quase da mesma maneira, demonstram que a diferença entre fato histórico e falsidade não é ideológica. [...]

Insistir na supremacia da evidência e na importância central da distinção entre fato histórico verificável e ficção é apenas uma das maneiras de exercer a responsabilidade do historiador e, como a atual fabricação histórica não é o que era antigamente, talvez não seja a mais importante. Ler os desejos do presente no passado ou, em termos técnicos, anacronismo, é a técnica mais comum e conveniente de criar uma História que satisfaça as necessidades do que Benedict Anderson chamou 'comunidades imaginadas' ou coletivos, que não são, de modo algum, apenas nacionais.

Durante muito tempo, a desconstrução de mitos políticos ou sociais disfarçados como História foi parte das obrigações profissionais do historiador."

Eric Hobsbawm. *Sobre História*, 1997.

LORENZO VALLA E A DOAÇÃO DE CONSTANTINO

A Doação de Constantino é um bom exemplo sobre a importância da crítica na leitura das fontes. Esse documento, produzido durante a Idade Média, foi apresentado como um édito romano no qual o imperador Constantino (306-337) teria feito várias doações ao Papa São Silvestre (314-335). Segundo a doação, o imperador professava sua fé, dizia que fora curado de lepra por intercessão do papa antes de se converter, doava ao papado a autoridade sobre as comunidades cristãs do Oriente (Antioquia, Jerusalém, Alexandria e Constantinopla), entregava às igrejas do Latrão, de São Pedro e de São Paulo — fora dos muros de Roma —, terras situadas em diversos pontos do Império. Além disso, outorgava ao papa a faculdade de elevar senadores do Império ao nível de sacerdotes. Produzido provavelmente no século VIII por um clérigo romano, a doação de Constantino já havia sido constestada no tempo do imperador germânico Otto III, no século XI. Mas foi em 1440 que o humanista italiano Lorenzo Valla (1407-1457) empreendeu um trabalho de crítica textual do documento e pôs um ponto final nas discussões sobre a sua autenticidade. Impresso em 1506, o texto de Valla mostrava que a linguagem do documento não era típica do século IV. O latim utilizado era do século VIII! O édito, apresentado como verdadeiro, era falso. Falsear documentos é comum ao longo da história e responde a interesses diversos. Nesse caso, trata-se de um tentativa clara da Igreja de legitimar como suas as possessões territoriais oriundas do Império Romano. Por sua vez, a doação de Constantino, embora não seja verdadeira, tem muito a dizer da época em que foi produzida. Pode ser utilizada como uma fonte para entender as razões dos falseamentos. A mentira também pode ser objeto de estudo do historiador. A imagem acima, do século XIII, mostra a importância da doação de Constantino no imaginário medieval.

Anônimo. Afresco do século XIII representando a doação de Constantino. Basílica dos Quatre-Saints-Couronnés, Roma

A MENTIRA TAMBÉM TEM HISTÓRIA

Todo documento é verdade? Certamente não. Mas, por ser falso, o documento não perde seu valor histórico. Cabe ao historiador desvendar as relações de poder e interesses que produziram aquela versão sobre determinado fato histórico. Assim, o documento falso pode auxiliar na compreensão de uma realidade pelo seu avesso, ou seja, pelo que uma sociedade desejava falsear e omitir.

"[Mas] não basta constatar o embuste. É preciso também descobrir seus motivos. Mesmo que, a princípio, para melhor rastreá-lo. Enquanto subsistir uma dúvida sobre suas origens, ele permanecerá em si mesmo algo de rebelde à análise; por conseguinte, de apenas até semicomprovado. Acima de tudo, uma mentira enquanto tal é, a seu modo, um testemunho. Provar, sem mais, que o célebre diploma de Carlos Magno para a igreja de Aix-la-Chapelle não é autêntico é poupar-se um erro; não é adquirir um conhecimento. Conseguiremos, em contrapartida, determinar que a falsificação foi composta pelos círculos de Frederico Barba-Ruiva? Que iria, por todos os motivos, servir aos grandes sonhos imperiais? Uma nova visão se abre para vastas perspectivas históricas. Eis portanto a crítica levada a buscar, por trás da impostura, o impostor; ou seja, conforme à própria divisa da História, o homem."

Marc Bloch. *Apologia da História*, 1941-1942.

2. Os limites da crítica

Quando o historiador fala de uma postura crítica diante dos documentos, parece uma atitude facilmente executada por qualquer pessoa. No entanto, criticar é uma tarefa mais complexa do que se imagina. Ninguém dá uma postura crítica ao outro, trata-se de um processo de construção, questionamento e aprendizado de interpretação, que se desenvolve a partir do exercício de leitura das fontes.

É nesse sentido que podemos dizer que a crítica não é natural, ninguém nasce sabendo criticar, mas aprende, por meio de um exercício constante de questionamento, a ler toda e qualquer afirmação (seja de natureza escrita, oral, iconográfica) como resultado de uma série de poderes concorrentes. Por isso, todo historiador, como leitor crítico, deve saber que não existem documentos que sejam "verdadeiros" por definição. Não importa a natureza: oficiais, pessoais, escritos, orais, imagéticos: todos devem ser objeto de questionamento. O exercício da crítica e da interpretação pressupõe o conhecimento prévio de fontes semelhantes, a leitura de trabalhos sobre o assunto e a capacidade de ler o universo de possibilidades que é o documento.

Essa é uma das diferenças básicas entre a produção feita por profissionais e aquela feita por amadores: a escrita da História pressupõe controle da bibliografia e conhecimento das fontes. Como a produção do saber histórico não é um romance, todo o percurso de investigação deve ser claramente indicado, dos arquivos pesquisados à bibliografia consultada.

Esse conhecimento produzido por historiadores interpreta aspectos do passado. Se dizemos, pura e simplesmente, que a História é um conhecimento do passado, estamos cometendo uma incorreção, porque a História é sempre um conhecimento feito por meio de vestígios. O conhecimento do passado, como conjunto de todas as coisas que aconteceram, é um desejo impossível.

A produção do conhecimento histórico está diretamente ligada ao olhar que o historiador lança sobre os acontecimentos. Assim, diferente de outras disciplinas que têm um objeto de análise preestabelecido, para fazer a História não é possível encontrar fatos históricos espalhados na natureza; eles existem conforme a leitura que o pesquisador faz dos seus documentos. É o historiador que, através do seu exercício de crítica, estabelece, julga o valor ou a irrelevância dos acontecimentos para poder classificar os fatos e, a partir disso, elaborar sua narrativa. Tal como advertiu o historiador francês Charles Seignobos (1854-1942): "Os fatos históricos só existem por sua posição em relação a um observador. Sem a curiosidade do historiador, o documento não existe". Por isso, a relação é sempre de diálogo entre o vestígio e o seu leitor: o fato histórico é uma elaboração feita a partir dos vestígios do passado. Assim, a data de 22 de abril de 1500 é considerada um fato histórico marcante para a História do Brasil, não porque ela seja inquestionável, mas porque é o resultado do cruzamento de fontes e do exercício da crítica dos historiadores. Esse fato pode ser interpretado, em termos de significado e importância, de maneira distinta pelos especialistas. A descoberta de outras fontes, por exemplo, pode questionar a veracidade ou relevância da data fixada em abril de 1500. O fato é sempre uma elaboração, um olhar subjetivo.

Assim funciona, também, com a postura crítica na modernidade. Todos os dias somos bombardeados por notícias de diferentes origens e posições, fato que pode ser facilmente observado, por exemplo, nos meios de comunicação em massa, como a televisão ou a internet. Cabe ao leitor "treinar" o olhar e saber diferenciar as várias opiniões de que convergem sobre um determinado assunto. Não se trata de encontrar a verdade, porque, tal como a História, o conhecimento da realidade, seja ela presente ou passada, é dado por vestígios. A apreensão é sempre feita a partir das informações de que o leitor dispõe no momento. Sua leitura será tão mais verossímil quanto maior for a sua capacidade de conjugar erudição, leitura e crítica.

É preciso ter em mente que qualquer leitura é formulada por homens situados em um dado tempo e sociedade. A crítica dos documentos está também ligada ao tempo em que é feita. Não existe História fora do tempo, portanto, cada época lê os vestígios do passado de uma forma diferente. Está aqui o grande dinamismo da escrita da disciplina: toda História diz muito do momento em que foi feita. Não há conhecimento definitivo do passado. A crítica limita-se a fornecer interpretações possíveis.

Bibliografia sugerida

BLOCH, Marc. *Apologia da História* — Ou o ofício do historiador. Prefácio Jacques Le Goff. Tradução A. Telles. Rio de Janeiro: Jorge Zahar, 2001.

COLLINGWOOD, Robin. *A ideia de História*. Lisboa: Presença, 1981.

DUBY, Georges. A História continua. Rio de Janeiro: Jorge Zahar, 1993.

GINZBURG, Carlo. Apontar e citar: a verdade da História. *Revista de História da Unicamp*. (Dossiê História-Narrativa), Campinas, n. 2/3, p. 91-106, 1991.

PROST, Antoine. Os fatos e a crítica histórica. In: PROST, Antoine. *Doze lições sobre a História*. Tradução Guilherme João de Freitas Teixeira. Belo Horizonte: Autêntica, 2008. p. 53-73.

RÜSEN, Jörn. *Razão histórica*: os fundamentos da ciência histórica. Brasília: UnB, 2001. (Teoria da História, 1)

Para aprofundar o tema

Pedro Américo. D. *Pedro II na abertura da Assembleia Geral*, 1872. Óleo sobre tela, 2,88 cm x 2,05 cm.
Museu Imperial, Petrópolis

VÁRIAS VERSÕES PARA DOM PEDRO II

A palavra caricatura, em sua origem, vem do italiano caricare ("carregar"; "exagerar"; "aumentar a proporção"). Muitas vezes, a caricatura pretende transmitir a síntese do momento como uma forma de crítica e sátira, sendo também comum atribuir expressões ou frases inverificáveis do ponto de vista histórico. O entendimento do universo dessa fonte, como o de qualquer outra, pressupõe o cruzamento com outros documentos, sob pena de termos visões deturpadas de um momento histórico. No entanto, não é por ter um tom jocoso que a caricatura perde seu valor para a História. Nesse sentido, serve como um contraponto interessante às imagens oficiais, que procuram exaltar o poder dos governantes. Este é o caso, por exemplo, das duas imagens a seguir que retratam Dom Pedro II. A primeira foi feita pelo pintor brasileiro Pedro Américo (1843-1905) e representa o monarca na abertura da Assembleia Geral, em 1872, com as vestes imperiais. A segunda imagem é uma caricatura feita dez anos depois e pretende mostrar um rei sem autoridade e mentiroso, "obrigado a dizer coisa que não pensa". Angelo Agostini (1843-1910), autor da imagem, foi um desenhista italiano que se consagrou como um dos principais caricaturistas do Segundo Reinado brasileiro. Republicano, Agostini oferecia uma visão antimonárquica, negativa do reinado do Dom Pedro II.

Angelo Agostini. In: *Revista Ilustrada*, n. 283, 1882.
Nesta caricatura, o rei Dom Pedro II é descrito como um tucano apresentado por um bobo da corte.
Coleção Plínio Doyle, FCRB

3. História e temporalidade

O que é o tempo? Essa pergunta inicial é feita há séculos por pensadores de diferentes áreas. O tempo é, por excelência, uma invenção que procura situar a ação humana dentro de uma sucessão diferenciada de acontecimentos. Se todos os dias fossem exatamente iguais, não haveria sentido pensar sobre o tempo. Ele existe porque cada dia, para os seres humanos, é diferente de outro: ontem é diferente de hoje que será diferente de amanhã. Essa é a noção que dá sentido à História, porque é o tempo que dá sentido às ações das pessoas e torna possível localizar os acontecimentos numa perspectiva de presente, passado e futuro. O calendário é algo tão enraizado nas sociedades contemporâneas que parece um dado da natureza.

A natureza possui um tempo, por assim dizer, exterior, imortal e homogêneo. O seu tempo é a contagem de movimentos naturais: consequentemente, não há passado, presente ou futuro. O tempo da Lua é a repetição de seus movimentos naturais: não apresenta identidade ou irregularidade, o que foi voltará a ser. O tempo humano, por sua vez, apresenta um forte grau de irreversibilidade: o dia de hoje não se repetirá jamais. O ser humano conta seu tempo, consciente de sua morte e, portanto, do fim da sua duração. Os calendários têm justamente esse intuito: contar a partir do tempo natural (ciclos solar e lunar) a duração das coisas. Diferente da natureza, o tempo humano é uma criação. Através do calendário, é possível localizar ações ao longo da existência, seja de pessoas, gerações, culturas ou sociedades. Só a partir da noção de tempo é possível ao historiador produzir conhecimento, tal como adverte Marc Bloch: "a História é a ciência dos homens no tempo". Sem a noção de tempo, não há noção de História.

Por isso, a pergunta "quando aconteceu?" é tão fundamental para os historiadores (e para qualquer pessoa que queira compreender um fenômeno histórico).

Não é possível analisar nada em termos históricos sem levarmos em consideração a época em que determinado fato aconteceu. Como a História se constitui de eventos singulares e irrepetíveis, desconsiderar o tempo facilita incorrer num dos mais graves erros de análise: comparar eventos e fatos sem levar em conta a época em que aconteceram. É o que os historiadores chamam de anacronismo. Cada fato histórico deve ser compreendido no tempo em que aconteceu.

Por isso os calendários são tão importantes como fontes de referência. São eles que possibilitam as noções de passado, presente e futuro, porque estabelecem pontos fixos de referência e linearidade. Assim, cada dia é único. No entanto, convém esclarecer que todos os calendários são convenções sociais, não têm valor universal: para os ocidentais, de forte tradição cristã, o nascimento de Jesus é o marco fundador de uma nova contagem do tempo; para os judeus, o Gênesis aconteceu em 7 de outubro de 3761 a.C., marcando o início do calendário judaico; por sua vez, os muçulmanos contam o tempo a partir da Hégira, ou seja, a fuga de Maomé de Meca para Medina, em 16 de julho de 622 d.C.

Há outras formas de medir o tempo: o relógio é um utensílio fundamental para os contemporâneos, mas é um instrumento de importância muito recente na história da humanidade. Quando viajamos para o interior, por exemplo, o tempo parece ter um ritmo menos acelerado do que nas grandes cidades, onde as coisas exigem uma rapidez e precisão cada vez maior. O historiador francês George Duby (1919-1996) chamou a atenção para como as pessoas se orientavam em boa parte da Idade Média: eram os sinos das catedrais que davam o ritmo de vida das pessoas, anunciando o tempo de acordar, rezar, comer, dormir.

A maneira como determinada sociedade conta o seu tempo diz muito de sua organização. As sociedades urbanas modernas, cada vez mais ocupadas, organizam-se através de um controle rígido do relógio; embora compartilhem de um mesmo calendário, as sociedades amazônicas, por exemplo, vivenciam o tempo de forma bem distinta. Por isso, é possível dizer que dentro de uma realidade de análise existem inúmeras temporalidades. Essa consciência é fundamental à História.

Foi o historiador francês Fernand Braudel (1902-1985) que, num artigo publicado em 1958, chamou a atenção para a importância das diferentes temporalidades na análise histórica. Braudel dividiu o tempo em três grandes categorias: o tempo curto, dos eventos; o tempo médio, das conjunturas; e o tempo longo, das grandes estruturas. A proposta de interpretação de Braudel mostra como o tempo histórico, diferente do tempo do calendário, não é linear: em toda análise histórica convivem diferentes durações, interrupções, dinâmicas próprias.

Bibliografia sugerida

BRAUDEL, Fernand. *A longa duração*. Escritos sobre a História. São Paulo: Perspectiva, 1992.

CARDOSO, Ciro Flamarion. O tempo das ciências naturais e o tempo da História. *Ensaios racionalistas*. Rio de Janeiro: Campus, 1988. p. 25-40.

CHESNEAUX, Jean. *Devemos fazer tábula rasa do passado?* Sobre a História e os historiadores. São Paulo: Ática, 1995. p. 92-93.

ELIAS, Norbert. *Sobre o tempo*. Tradução Vera Ribeiro. Rio de Janeiro: Jorge Zahar, 1998.

KOSELLECK, Reinhart. *Futuro passado*: contribuição à semântica dos tempos históricos. Tradução Wilma Patrícia Mass e Carlos Alemeida Pereira. Rio de Janeiro: Contraponto/PUC-Rio, 2006. p. 13-15.

LÉVI-STRAUSS, Claude. O pensamento selvagem apud PROST, Antoine. *Doze lições sobre a História*. Belo Horizonte: Autêntica, 2008. p. 95-96.

NOVAES, Adauto (Org.). *Tempo e História*. São Paulo: Companhia das Letras, 1992.

REIS, José Carlos. *Tempo, História e evasão*. Campinas: Papirus, 1994.

WHITROW, Gerald James. *O tempo na História* — Concepções do tempo da Pré-História aos nossos dias. Rio de Janeiro: Jorge Zahar, 1993.

Para aprofundar o tema

O TEMPO COMO FUNDAMENTO DA HISTÓRIA

O antropólogo francês Claude Lévi-Strauss faz uma reflexão sobre a importância do tempo para a História. O estudo da História não se resume a datas; no entanto, não é possível prescindir delas. Um dos aspectos que caracterizam o conhecimento da História é a capacidade de situar temporalmente os acontecimentos humanos.

"Não há História sem datas; para convencermo-nos disso, basta verificar como o aluno consegue aprender História, reduzindo-a a um corpo descarnado cujo esqueleto é formado por datas. Não foi sem motivo que se reagiu contra esse método maçante, mas, caiu-se, frequentemente, no extremo oposto. Se a História não é feita unicamente por datas, que nem são seu aspecto mais interessante, elas constituem o aspecto sem o qual a própria História deixaria de existir já que sua verdadeira originalidade e especificidade encontram-se na apreensão da relação entre um 'antes' e um 'depois', a qual seria votada a se dissolver — pelo menos virtualmente — se seus termos não pudessem ser datados."

Claude Lévi-Strauss. O pensamento selvagem, 1962.

AS TEMPORALIZAÇÕES EM HISTÓRIA

É comum dividir a História em épocas que supostamente guardam alguma identidade: Antiguidade, Idade Média e os períodos Moderno e Contemporâneo. Como todas as convenções, essa divisão é discutível e foi concebida pelos europeus para a História da Europa Ocidental, tendendo a se impor à História universal, embora, em diversos casos, não seja pertinente. De acordo com essa divisão tradicional e eurocêntrica, a Antiguidade começa com o início das sociedades humanas e termina na Europa Ocidental no século V d.C., com o desaparecimento do Império Romano nessa região, ainda que ele tenha continuado a existir no Oriente até o século XV. Esse período de dez séculos foi chamado de Idade Média, à qual sucederam os Tempos Modernos, assim batizados pelos europeus no momento em que tomaram consciência, em grande parte graças às informações vindas da América e dos outros continentes, de que o mundo no qual viviam passava por profundas mudanças. As revoluções econômica e política do final do século XVIII, na Grã-Bretanha e na França, abriram o Período Contemporâneo. Como o século XIX e o princípio do século XX afastam-se cada vez mais de nós, e com isso nos tornamos cada vez menos "contemporâneos", alguns historiadores elaboraram a noção de História do tempo presente, para designar o passado recente, aquele sobre o qual as pessoas vivas ainda podem testemunhar. Nesse sentido também podemos entender a diferença arbitrária entre História e Pré-História, que seria o período anterior à invenção da escrita.

No texto a seguir, o historiador francês Jean Chesneaux (1922-2007) adverte sobre a importância de se ter em mente que cada sociedade determina marcos com base em referenciais próprios. É preciso observar com fluidez e leveza essas divisões da História.

"É preciso advertir, desde já, que esse sistema quadripartido — História Antiga, História Medieval, História Moderna e História Contemporânea — de organização da História universal é um fato francês. Em outros países, o passado está organizado de modo diferente, em função de pontos de referência diferentes. Na Grécia, a Antiguidade grega chega até o século XV e a ocupação turca corresponde a uma espécie de Idade Média. Na China, a História moderna (jindai) vai das guerras do ópio ao movimento patriótico de maio de 1919. Começa com este último a História 'contemporânea' (jiandai). Nos Estados Unidos, a História nacional se organiza em dois blocos, em função dos eixos fundamentais que são em função a Guerra da Independência, em fins do século XVIII, a Guerra de Secessão, em 1860-1864."

Jean Chesneaux. *Devemos fazer tábula rasa do passado?*, 1976.

EXISTE UMA PRÉ-HISTÓRIA?

O conhecimento histórico se constrói a partir das fontes, ou seja, das marcas deixadas pelos homens ao longo do tempo. Por uma divisão arbitrária, é comum nomear de Pré-História o período anterior à invenção da escrita, porque as sociedades que adotaram a escrita conservaram uma memória do passado, reelaborada e reconstruída ao longo das suas existências, que as situa claramente num tempo histórico. A escrita foi muitas vezes contemporânea das primeiras menções a calendários, uma forma importante de organização do tempo vivido.

AS TEMPORALIDADES

Os estudos do alemão Reinhart Koselleck (1923-2006) discutem um tema fundamental para o historiador: como se deve entender o tempo na História? 1492, o ano do "descobrimento" da América, define uma dimensão temporal uniforme para os habitantes da Europa, para os indígenas da América ou para os chineses na Ásia? Ou cada sociedade elabora de maneira diferente sua concepção de tempo? De acordo com Koselleck, as ações humanas e as diferentes dinâmicas sociais são aspectos que não podem ser analisados sem levar em consideração as várias temporalidades que integram a experiência histórica.

"Que é o tempo histórico? Essa é uma das perguntas mais difíceis de responder no campo da historiografia. A questão nos leva necessariamente a adentrar o terreno da teoria da História, sob uma perspectiva ainda mais profunda do que a habitual. Pois as fontes do passado são capazes de nos dar notícia imediata sobre fatos e ideias, sobre planos e acontecimentos, mas não sobre o tempo histórico em si.

Para tentar responder a essa questão, recorrente no campo dos estudos da História, precisamos lançar mão de uma abordagem teórica [...]

No curso de uma investigação comprometida com as circunstâncias históricas não é necessário formular explicitamente a pergunta sobre um tempo histórico. Ainda assim, a datação exata é imprescindível para que se possa organizar e narrar esse conteúdo constituído de eventos. Mas a datação correta é apenas um pressuposto, e não uma determinação da natureza daquilo que se pode chamar de 'tempo histórico'.

A cronologia — como ciência auxiliar que é — responde às questões sobre datação à medida que anula as diferenças entre os inúmeros calendários e medidas de tempo empregados ao longo da História, reunindo-os em um único tempo, regido segundo o nosso sistema planetário e calculado segundo as leis da Física e da Astronomia. Esse tempo único, natural, passa a ter, então, o mesmo valor para todos os habitantes da Terra (se considerarmos as diferenças nas estações do ano e nas variações na duração de um dia). Pode-se partir do mesmo princípio no que se refere ao tempo biológico do homem, o qual, a despeito dos recursos da medicina, varia de maneira bastante limitada. [...]

Quem busca encontrar o cotidiano do tempo histórico deve contemplar as rugas no rosto de um homem, ou então as cicatrizes nas quais se delineiam as marcas de um destino já vivido. Ou ainda, deve evocar na memória a presença, lado a lado, de prédios em ruínas e construções recentes, vislumbrando assim a notável transformação de estilo que empresta uma profunda dimensão temporal a uma simples fileira de casas; que observe também o diferente ritmo dos processos de modernização sofrido por diferentes meios de transporte, que, do trenó ao avião, mesclam-se, superpõem-se e assimilam-se uns aos outros, permitindo que se vislumbrem, nessa dinâmica, épocas inteiras. Por fim, que contemple a sucessão das gerações dentro da própria família, assim como no mundo do trabalho, lugares nos quais se dá a justaposição de diferentes espaços de experiência e o entrelaçamento de distintas perspectivas de futuro, ao lado de conflitos ainda em germe. Esse olhar em volta já é suficiente para que se perceba a impossibilidade de traduzir, de forma imediata, a universalidade de um tempo mensurável e natural — mesmo que esse tempo tenha uma história própria — para um conceito de tempo histórico. [...]

O tempo histórico [...] está associado à ação social e política, a homens concretos que agem e sofrem as consequências de ações, a suas instituições e organizações. Todos eles, homens e instituições, têm formas próprias de ação e consecução que lhes são imanentes e que possuem um ritmo temporal próprio. Pensemos, para ficarmos em exemplos do mundo cotidiano, nos calendários festivos que articulam a vida em sociedade, na alternância dos tempos dedicados ao trabalho e em sua duração, que determinaram a sequência da vida no passado e continuam a determiná-la diariamente. [...]

Na tentativa de tematizar o tempo histórico, não se pode deixar de empregar medidas e unidades de tempo derivadas da compreensão físico-matemática da natureza; as datas, bem como a duração da vida de indivíduos e instituições; os momentos críticos de uma sequência de acontecimentos políticos ou militares; a velocidade dos meios de transporte e sua evolução; a aceleração ou desaceleração da produção industrial; a velocidade dos equipamentos bélicos, tudo isso, para citar apenas alguns exemplos, só pode ter seu peso histórico avaliado se for medido e datado com o recurso à divisão do tempo natural.

No entanto, a interpretação das circunstâncias produzidas a partir dos fatores acima citados conduz para além das determinações temporais compreendidas de maneira física e astronômica. As decisões políticas tomadas sob pressão de prazos e compromissos, o efeito da velocidade dos meios de transporte e de informação sobre a economia ou sobre ações militares, a permanência ou instabilidade de determinadas formas de comportamento social no âmbito das exigências econômicas e políticas temporalmente determinadas, tudo isso conduz obrigatoriamente — seja através de um processo de atuação e ação recíproca ou de uma relação de dependência — a um tipo de determinação temporal que, sem dúvida, é condicionada pela natureza, mas que também precisa ser definida especificamente sob o ponto de vista histórico. Se contemplarmos o conjunto dessa cadeia de eventos, isso nos levará a um processo de determinação e a uma doutrina das épocas, as quais, conforme o domínio específico visado, podem configurar-se de maneira completamente diferente, ou mesmo justapor-se umas às outras."

Reinhart Koselleck. *Futuro passado*:
contribuição à semântica dos tempos históricos, 2006.

4. História e verdade

Os críticos do conhecimento histórico sempre apontam a dificuldade de alcançar a verdade como o principal entrave ao conhecimento do passado. Na opinião desses detratores, muitas vezes, a História parece um joguete nas mãos dos governantes, dos poderosos, vagando ao sabor das necessidades momentâneas. Mas a questão é mais complexa do que parece e desde a Grécia antiga a objetividade na História é um tema que merece a atenção dos historiadores: afinal, o que podemos conhecer da história dos seres humanos? Qual a natureza desse conhecimento?

Embora já superado, vale a pena voltar a um debate ocorrido em fins do século XIX, que estabelecia as diferenças entre as ciências da natureza e as ciências do espírito. Enquanto as ciências naturais explicam as coisas, a matéria, as ciências do espírito procuram compreender os homens e suas ações. A História é um conhecimento compreensivo.

Para além desse debate, convém acrescentarmos que o conhecimento histórico é compreensivo porque as ações humanas não são regidas por causas e leis. Se assim fossem, além de atingirmos a verdade do passado, poderíamos prever também o futuro. Mas como cada indivíduo detém em si um universo amplo de escolhas, cabe aos historiadores não o papel de estabelecer verdades únicas, mas de, a partir de questões que estão ligadas ao seu presente, compreender os fatos sociais como repletos de possibilidades.

Essa compreensão dos acontecimentos, como dissemos, está diretamente ligada ao presente dos historiadores. Marc Bloch definiu bem o conhecimento histórico: ciência dos homens no tempo. O objeto dos historiadores é o gênero humano em suas ações no tempo. Mas o passado não é jamais um objeto acabado, porque cada época faz perguntas diferentes ao que já aconteceu. Ou seja, o conhecimento histórico implica um grande dinamismo, porque está intimamente ligado ao presente do historiador. Por isso, a História é sempre reescrita: mudam as perguntas, surgem novos estudos, novas fontes, novas formas de análise. O exercício do historiador é compreender melhor, e não atingir a verdade. Ele escreve a História dentro de regras que dizem respeito ao seu ofício, mas não pretende atingir a verdade, porque, em suma, a compreensão do universo humano é sempre parcial e fragmentária.

O objeto de conhecimento do historiador não diz respeito a uma realidade externa ou palpável. O acontecido é irrecuperável e único, o passado não pode ser refeito em laboratório. Uma situação histórica jamais se repete exatamente da mesma forma. Por isso, o conhecimento histórico é sempre indireto. Ele é feito por meio de fontes que servem à construção de uma narrativa. Mas essas fontes jamais fornecem a verdade: elas próprias são lacunares, muitas vezes resultado de uma série de falseamentos. Cabe ao historiador exercer o papel da crítica, estabelecer critérios de interpretação, confrontar "verdades". Um historiador que, ao estudar as reformas religiosas do século XVI, se contentasse em analisar apenas os discursos protestantes, certamente teria acesso a uma interpretação parcial dos acontecimentos que foram o pano de fundo entre católicos e protestantes, por exemplo.

Caso 20 pessoas se dispusessem a descrever uma mesma experiência em conjunto, certamente teríamos 20 relatos diferentes, cada um destacando determinados aspectos, silenciando outros. A escrita da História passa por um processo semelhante: o conhecimento histórico é subjetivo. Está intimamente ligado ao historiador, mas diferencia-se na medida em que apresenta análise e crítica dos discursos. É o historiador (e por isso a importância do conhecimento específico do ofício) quem faz perguntas ao passado, que permanece silencioso caso não seja questionado. Mais uma vez, diante das várias questões que envolvem o conhecimento histórico, cabe ao historiador fazer um exercício de compreensão, e não de explicação que se resuma em uma sentença única de causa e efeito. A escrita da História se dá pela constatação e não pode oferecer explicações conclusivas.

O papel do historiador é acessar o passado com base em critérios específicos. Assim, ele pode elaborar "verdades" fragmentárias e parciais, que são constantemente reelaboradas. Mas isso não é necessariamente um defeito de nascimento da História. Se, de fato, não podemos dizer que a História produz um conhecimento objetivo, tampouco podemos afirmar que se trata de um conhecimento inválido.

Convém fazer uma pergunta simples: afinal, o que seria a verdade? Tal como a História, todo conhecimento humano é social e histórico. A noção de ciência e verdade varia e mesmo as ciências tidas como objetivas, como a Matemática e a Física, passaram por constantes revisões de paradigma ao longo do tempo. A objetividade plena é uma utopia. O ato de rever, repensar e rescrever o discurso histórico torna-se fecundo na medida em que se desprende da pretensão de verdade. Nesse sentido, o historiador não tem a pretensão de oferecer uma verdade absoluta, mas trava, a partir de seu trabalho, o compromisso com a verdade. Trata-se da ética profissional, que diz respeito ao cumprimento das regras do ofício: análise e crítica de fontes, discussão com a bibliografia, indicação das provas documentais. O historiador não é um artista, um literato ou um poeta, seu discurso não é mais ou menos verdadeiro, mas distingue-se dos anteriores por ter de cumprir uma série de critérios, atender a métodos que lhe dão legitimidade entre os colegas de profissão.

Bibliografia sugerida

BÉDARIDA, François. Tempo presente e presença da História, apud AMADO, Janaína; FERREIRA, Marieta de Moraes. *Usos e abusos da História oral*. Rio de Janeiro: FGV, 1998. p. 221-224.

GINZBURG, Carlo. *Relações de força*. História, Retórica e Prova. Tradução Jônatas Batista Neto. São Paulo: Companhia das Letras, 2002.

_______. *Sinais: raízes de um paradigma indiciário*. Mitos, emblemas, sinais — Morfologia e História. São Paulo: Companhia das Letras, 1990. p. 143-179.

PROST, Antoine. Verdade e função social da História. In: PROST, Antoine. *Doze lições sobre a História*. Tradução Guilherme João de Freitas Teixeira. Belo Horizonte: Autêntica, 2008. p. 253-272.

REIS, José Carlos. *História e teoria* — Historicismo, modernidade, temporalidade e verdade. 3. ed. Rio de Janeiro: FGV, 2006.

RICOEUR, Paul. *História e verdade*. Rio de Janeiro: Companhia Editora Forense, 1968.

Para aprofundar o tema

HISTÓRIA E VERDADE

François Bédarida (1926-2001), historiador francês, formulador da noção de "História do tempo presente" e criador do Instituto de História do Tempo Presente, em Paris. Publicou inúmeros trabalhos defendendo a possibilidade dos historiadores trabalharem com os períodos recentes. Contribuiu para a renovação dos estudos de História Política e defendeu o uso da História oral como método de pesquisa.

"História e verdade: nobre e temerária ambição. A verdade do passado, a verdade do presente: não haverá aí uma aporia? O ofício do historiador presta-se em si mesmo ao conhecimento da verdade? Podemos chegar a ela ou devemos nos contentar em ficar à distância, incapazes de apreendê-la e muito menos de interpretá-la? Várias gerações de historiadores e de filósofos confrontaram-se com essa dúvida lancinante. Aliás, quem de nós ousaria proclamar que possui a verdade histórica, ainda que em princípio ela seja nosso alvo e nosso guia?

Não obstante, e sem cair, assim espero, no ubris, declaro abertamente que a despeito de tudo a busca da verdade deve ser explicitamente considerada a regra de ouro de todo historiador digno desse nome. Alfa e ômega desse ofício. Mesmo sabendo que não conseguiremos jamais dominar essa verdade, mas apenas nos aproximar dela. Chama vacilante e frágil na noite, mas que apesar de tudo ilumina nosso caminho e sem a qual mergulharíamos nas trevas. De fato, a verdade da História provém da interface entre os componentes do passado, tal como ele nos chega através de seus vestígios documentais, e o espírito do historiador que o reconstrói, buscando conferir-lhe inteligibilidade. [...] Mas eis que nos deparamos com a espinhosa questão da objetividade. Certamente todos reconhecem que a objetividade absoluta não existe. [...]

A outra experiência se deu um pouco mais tarde. Foi a descoberta do fenômeno negacionista — o que se poderia chamar de estágio supremo do falsificacionismo: seja tentando dissolver pura e simplesmente os fatos mais estabelecidos, à força de sutilezas e contorcionismos de linguagem, apelando para um método hipercrítico levado aos extremos; seja preferindo negar todos os resultados da pesquisa histórica invocando um gigantesco complô stalinista-capitalista maquinado pelos judeus. [...]

Quanto à objetividade, em vez de relegá-la como antes à condição de parente pobre, reconhecendo que o historiador jamais é neutro, cumpre restituí-la em toda a sua dignidade, conferindo-lhe por exemplo o status de 'mito regulador', para usar a expressão de Sartre.

Na verdade a realidade histórica procede de uma mistura complexa de objetividade e subjetividade na elaboração do saber, e o grau de objetivação depende em boa parte do campo de aplicação, que vai desde acontecimentos simples e bem estabelecidos, como a invasão da Polônia pelas tropas alemãs em 1° de setembro de 1939 ou o discurso da rainha da Inglaterra perante o Parlamento europeu em Estrasburgo em 12 de maio de 1992, até arquiteturas mais sofisticadas: fenômenos de representação, tipologias, modelos, tipos ideais etc.

Daí a necessidade de distinguir os níveis de verdade histórica que comportam maior ou menor grau de aproximação e diferentes estágios de certeza, mas nos quais a mesma aspiração elevada deve sempre repercutir na consciência do historiador."

François Bédarida. Tempo presente e presença da História, 1992.

5. Fazer a História

Diante das várias questões que discutimos até o momento, convém estabelecer uma diferença da qual os leigos têm pouca clareza: a distância entre a História produzida nas universidades e a história vivida por todos os seres humanos. De um modo geral, confundem-se as duas designações, como se fossem parte de uma mesma coisa. Trata-se, neste caso, de palavras homônimas que têm no passado seu principal mote, mas com aplicações e objetivos consideravelmente distintos. Não é difícil encontrarmos, nos jornais e revistas, manchetes que anunciem "a verdade" sobre algum acontecimento. Como temos procurado mostrar, essa certeza sobre o passado é impossível. Qualquer forma de acesso ao que aconteceu deve ter sempre em mente a impossibilidade de resgatar o passado em sua forma plena.

Mesmo assim, não é difícil ouvirmos falar sobre "o que realmente aconteceu". Parece incontestável, para boa parte dos leigos, que as pessoas que viveram em determinada época têm mais credibilidade para relatar os acontecimentos, pois elas seriam uma espécie de testemunhas vivas do passado. Esse desejo de reconstituição do vivido é amplamente utilizado pelo senso comum, enquanto a variabilidade de interpretações dos historiadores é vista como um aspecto negativo, sinalizador de que a História não é mais que um joguete a serviço dos interesses do momento.

No entanto, convém esclarecer que a elaboração do conhecimento histórico tem várias especificidades e deve atender a uma série de exigências próprias do ofício. Essa História é feita por profissionais. O fato de todas as pessoas "terem" história, no sentido de serem agentes históricos, não quer dizer que todos "fazem" História, no sentido de produzirem um conhecimento. O saber histórico pressupõe um controle com base em documentos, crítica, erudição e construção de uma narrativa.

Não é verdade que o historiador não detém certezas: por exemplo, sabe-se que Pedro Álvares Cabral aportou em terras brasileiras em 1500; que as elites do Estado imperial brasileiro importaram milhares de africanos ou que o Estado Novo foi implantado por meio de um golpe, em 1937. Essas informações são verificáveis e altamente confiáveis; no entanto, a compreensão do passado não se limita a esse tipo de entendimento. Pelo contrário, o trabalho de História pressupõe interpretações baseadas nas fontes com que o historiador lida no momento.

Assim, para compreendermos o início da colonização portuguesa na América não basta sabermos sobre o dia do descobrimento. Cabe aos historiadores o entendimento dos porquês, das causas, das motivações, do contexto. Esse exercício será feito a partir da leitura dos documentos da época. Quando um historiador decide escrever um livro sobre o descobrimento do Brasil, ele buscará reconstituir, com base nas fontes que pesquisou, os elementos que contribuem para a compreensão daquele determinado momento. Para entendermos essa narrativa produzida a partir de determinadas fontes, precisamos saber quais documentos o historiador consultou, quais perguntas pretendeu responder e, sobretudo, quando escreveu o seu texto. Esse livro será, como todo texto escrito, o resultado de muitas variáveis e, acima de tudo, não fornecerá a última verdade sobre o descobrimento do Brasil, mas uma leitura possível, uma proposta de interpretação, uma forma de acesso ao passado. Essa narrativa do historiador enfrentou uma série de procedimentos para que se aproximasse o máximo possível dos acontecimentos. No entanto, se um outro historiador, distante 200 anos do nosso primeiro exemplo, resolvesse fazer uma História sobre os descobrimentos, certamente chegaria a conclusões diferentes, primeiro porque será outra pessoa que escreverá, que relerá e que perguntará. A disciplina histórica é o resultado dessas várias interpretações do passado. O discurso dos historiadores deve ser confrontado entre seus especialistas, apontando limites e visões contrárias. Esse conhecimento indireto, baseado em vestígios, é a forma mais verossímil de compreensão do passado porque cruza, num esforço de compreensão contínuo, fontes e métodos.

Nesse sentido, a narrativa da história de vida das pessoas pode se tornar uma interessante fonte de estudos para o historiador. Esse é o caso da metodologia utilizada na História oral, por exemplo. Quando uma pessoa concede um depoimento narrando os acontecimentos de determinada época, ela o faz com base em sua lembrança. Os historiadores podem se utilizar desses relatos para, a partir daí, produzir a narrativa histórica. Como os relatos também não são "a verdade", devem, como toda fonte, passar pela crítica documental e o cruzamento de informações. De modo semelhante, os cronistas que ao longo da colonização portuguesa na América passaram pelas terras do Brasil e descreveram os hábitos das pessoas, as instituições, a natureza, são testemunhos que não narram os acontecimentos tal como eram. Essas descrições são fontes para o historiador produzir o conhecimento histórico, mas estão longe de ser a palavra final sobre determinado assunto.

É nesse sentido que podemos afirmar que o conhecimento histórico é um discurso produzido pelos historiadores. Quando alguém conta um acontecimento pelo qual passou, está elaborando uma narrativa baseada na sua memória e pode escolher, independente de qualquer compromisso com a verdade, os fatos. Não quer dizer que toda história contada no cotidiano seja falsa. Quer dizer apenas que ela não atende às exigências de rigor inerentes ao discurso histórico. Em suma, a História disciplina distancia-se da história vivida, na medida em que a primeira exige um conhecimento específico para ser elaborada.

Bibliografia sugerida

BRITES, Olga; PEIXOTO, Maria do Rosário Cunha. A carta de Pero Vaz de Caminha: leituras. *Projeto História*: sentidos da comemoração. São Paulo, n. 20, p. 239-251, abr. 2000.

CARDOSO, Ciro Flamarion. *Narrativa, sentido, História*. Campinas: Papirus, 1997.

CHARTIER, Roger. A História hoje: dúvidas, desafios, propostas. *Revista Estudos Históricos*, Rio de Janeiro: CPDOC-FGV, v. 7, n. 13, p. 97-113, 1994.

FALCON, Francisco. História e representação. In: CARDOSO, Ciro F.; MALERBA, Jurandir (Org.). *Representações*: contribuições a um debate transdisciplinar. Campinas: Papirus, 2000.

KOSELLECK, Reinhart. *historia/Historia*. Madrid: Mínima Trotta, 2004.

LE GOFF, Jacques. In: *Enciclopédia Einaudi*: Memória-História. Lisboa: Imprensa Nacional/Casa da Moeda, 1977, p. 181-182.

Para aprofundar o tema

O CONHECIMENTO HISTÓRICO

Jacques Le Goff é um dos principais historiadores dos Annalles, *importante movimento de renovação da historiografia francesa. No trecho a seguir, Le Goff propõe a seguinte discussão: afinal, o que define o conhecimento histórico enquanto disciplina? Embora todos nós façamos parte da história, seríamos todos historiadores? Le Goff procura mostrar que não. A História, longe de ser simples opinião, é um ramo específico das Ciências Sociais. O historiador não é o "dono da verdade", mas ele oferece um conhecimento dotado de embasamento teórico e crivo científico.*

"Tal como o passado não é História, mas seu objeto, também a memória não é História, mas um dos seus objetos e simultaneamente um nível elementar de elaboração histórica. [...]

É evidente que a História não atingiu o grau de tecnicismo das ciências da natureza ou da vida e não desejo que o atinja para que possa continuar a ser facilmente compreensível e até controlável pelo maior número de pessoas. A História já tem a sorte ou a infelicidade (única entre todas as ciências?) de poder ser feita convenientemente pelos amadores. De fato, ela tem necessidade de vulgarização — e os historiadores profissionais nem sempre se dignam aceder a esta função, no entanto essencial e digna, da qual se sentem incapazes; mas a era dos novos *media* multiplica a necessidade e as ocasiões para existirem mediadores semiprofissionais. Devo acrescentar que tenho muitas vezes prazer em ler — quando são bem feitos e escritos — os romances históricos e que reconheço aos seus autores a liberdade de fantasia que lhes é devida. Mas naturalmente que, se me pedirem a minha opinião de historiador, não identifico com História as liberdades aí tomadas. [...] Mas deveríamos todos ser historiadores? Não reclamo poder para os historiadores fora do seu território, a saber, o trabalho histórico e o seu efeito na sociedade global — em especial, no ensino. [...] A História não deve reger as outras ciências e, menos ainda, a sociedade. Mas, tal como o físico, o matemático, o biólogo — e, de outro modo, os especialistas de ciências humanas e sociais —, o historiador também deve ser ouvido, ou seja, a História deve ser considerada um ramo fundamental do saber.

Tal como as relações entre memória e História, também as relações entre passado e presente não devem levar à confusão e ao ceticismo. Sabemos agora que o passado depende parcialmente do presente. Toda História é bem contemporânea, na medida em que o passado é apreendido no presente e responde, portanto, aos seus interesses, o que não é só inevitável como legítimo. Pois se a escrever História é duração, o passado é ao mesmo tempo passado e presente. Compete ao historiador fazer um estudo 'objetivo' do passado sob a sua dupla forma. Comprometido na História, não atingirá certamente a verdadeira 'objetividade', mas nenhuma outra História é possível. O historiador fará ainda progressos na compreensão da História, esforçando-se para pôr em causa, no seu processo de análise, tal como um observador científico tem em conta as modificações que eventualmente introduz no seu objeto de observação. [...]

A cultura (ou mentalidade) histórica não depende apenas das relações memória-História, presente-passado. A História é a ciência do tempo. Está estritamente ligada às concepções de tempo que existem numa sociedade e são um elemento essencial da aparelhagem mental dos seus historiadores. [...] Lembramos aos historiadores que a sua propensão para não considerar senão um tempo histórico 'cronológico' deveria dar lugar a mais inquietação se tivessem em conta interrogações filosóficas sobre o tempo, das quais as Confissões de Santo Agostinho são representativas: 'O que é o tempo? Se não me perguntarem, sei; se me pedissem para o explicar, seria incapaz de o fazer'."

Jacques Le Goff. Memória-História, 1977.

6. Identidade e memória

As sociedades contemporâneas têm demonstrado grande interesse no processo de valorização das questões relativas às identidades e às memórias. A identidade é uma palavra-chave, em voga nos dias de hoje, na política, na mídia e nos estudos culturais. Com a diluição das fronteiras, a fragilização das tradições e dos laços interpessoais, as pessoas tendem a reagrupar-se em identidades (religiosas, étnicas, territoriais, nacionais). Cada vez mais, tanto a identidade pessoal como a identidade coletiva (empresarial, de gênero, de religião, ética) constituem elementos essenciais para as sociedades.

Nesse quadro de incertezas e inseguranças, a identidade permite diferentes significados e apreensões. É possível definir identidade como o processo pelo qual uma pessoa se reconhece e constrói laços de afinidade, tendo por base um atributo ou conjunto de atributos que o distingue dos outros, seja pelo local de nascimento, religião, origem familiar ou profissão, por exemplo. Assim, a noção de identidade pode referir-se às formas como indivíduos ou grupos/coletividades se reconhecem ou se assemelham por meio de um traço característico ou de uma diferença comum, constituindo, ao mesmo tempo, um elemento distintivo e unificador.

Um ponto importante a ser destacado é a relação entre identidade e memória. A memória é um elemento constitutivo do sentimento de identidade, na medida em que responde também pelos sentimentos de continuidade e de coerência. Assim, é importante reter que as identidades são construídas e estão longe de serem fixas e imutáveis. Essa construção não está, porém, isenta de influências, negociações e transformações. Isso quer dizer que memória e identidade podem ser perfeitamente negociadas e não são fenômenos que devem ser compreendidos como essências de uma pessoa ou de um grupo.

A memória, por sua vez, não deve ser vista apenas como um repositório de dados sobre o passado. Ao contrário, ela é uma força ativa, dinâmica, seletiva, que define o que se deve esquecer e o que se deve lembrar do passado, e é também um instrumento e um objeto de poder. A memória não é neutra e é recuperada sempre em função das demandas do presente. Assim, falar de memória significa ter em mente uma relação que envolve o passado, o presente e o futuro.

Uma maneira mais clara de entendermos os mecanismos de construção e atualização de memórias é o estudo das comemorações. O que é comemorar? Aparentemente, comemorar pode parecer um ato sem maiores implicações, mas, na verdade, envolve escolhas políticas, que, por sua vez, espelham projetos de identidade.

Comemoração é a cerimônia destinada a trazer de volta a lembrança de uma pessoa ou de um evento, algo que indica a ideia de ligação entre os homens fundada sobre a memória. Essa ligação também pode ser chamada de identidade. E é exatamente porque permitem legitimar e atualizar identidades que as comemorações públicas ocupam um lugar central no universo político contemporâneo.

Na atualidade, a espontaneidade da memória dá lugar a ações determinadas, dependentes de agentes especializados na sua produção. Assim emerge a necessidade permanente de constituir novas formas de preservação, de memorização, de arquivamento. As comemorações em torno de personagens focalizam aniversários de nascimento ou morte. Já os eventos fundadores privilegiam os momentos de fundação de nações, instituições, empresas.

As modalidades de comemorações assumem formas diversificadas de acordo com os objetivos a serem alcançados. Podem ser organizadas mostras, exposições, seminários, publicações, podem ser construídos monumentos, lançadas medalhas, sempre com o objetivo de reforçar concepções e valores. O sentido das comemorações é promover o consenso, a harmonia entre os grupos ou atores sociais. Porém elas podem também desencadear conflitos ou tensões.

A grande preocupação dos historiadores profissionais é que as comemorações são momentos de vulgarização do conhecimento histórico, que muitas vezes permitem a reprodução de informações sem avaliações críticas. As comemorações funcionam como instrumentos de exaltação de trajetórias individuais ou eventos sem o necessário distanciamento e a produção de uma investigação aprofundada. No entanto, a despeito das críticas e dos riscos que as comemorações encerram, é possível extrair benefícios dessas ocasiões ou iniciativas.

Comemoração e vulgarização podem se transformar em um instrumento útil para uma melhor difusão e avaliação crítica do passado. Além desse aspecto das comemorações, de estabelecer canais de comunicação com o grande público, objetivos de caráter estritamente acadêmicos podem ser alcançados através de eventos comemorativos, resultando daí benefícios para a própria construção histórica.

As comemorações nos dão a oportunidade de acompanhar o trabalho permanente de construção da memória ao selecionar o que deve ser valorizado e o que deve ser esquecido. A História das comemorações nos permite captar a diversidade de visões ao longo do tempo e desnudar os conflitos e enquadramentos da memória.

Bibliografia sugerida

FERREIRA, Marieta de Moraes; FORTES, Alexandre. Memórias do PT: as vozes de seus construtores. In: FICO, Carlos; FERREIRA, Marieta de Moraes et al. (Org.). *Ditadura e Democracia na América Latina*: balanço histórico e perspectivas. Rio de Janeiro: FGV, 2008. p. 294-296.

HALBWACHS, Maurice. *A memória coletiva*. São Paulo: Centauro, 2004.

LE GOFF, Jacques. *Memória*. História e memória. Campinas: Unicamp, 1994. p. 423-483.

NORA, Pierre. Entre a memória e a História: a problemática dos lugares. *Projeto História*, São Paulo, n. 10, p. 7-29, dez. 1993.

POLLAK, Michael. Memória, esquecimento, silêncio. *Revista Estudos Históricos*, Rio de Janeiro: CPDOC-FGV, v. 2, n. 3, p. 3-15, 1989.

RICOEUR, Paul. *A memória, a História, o esquecimento*. Campinas: Unicamp, 2007. p. 105-142.

SARLO, Beatriz. *Tempo passado* — Cultura da memória e guinada subjetiva. São Paulo: Companhia das Letras; Belo Horizonte: UFMG, 2007.

Para aprofundar o tema

MEMÓRIA E IDENTIDADE

Michael Pollak (1948-1992), sociólogo austríaco, publicou vários textos analisando a importância dos estudos sobre a memória nas sociedades contemporâneas e os mecanismos de sua construção. Merecem destaque, na sua produção, as relações entre a memória e as identidades coletivas.

"Estudar as memórias coletivas fortemente constituídas, como a memória nacional, implica preliminarmente a análise de sua função. A memória, essa operação coletiva dos acontecimentos e das interpretações do passado que se quer salvaguardar, se integra [...] em tentativas mais ou menos conscientes de definir e de reforçar sentimentos de pertencimento e fronteiras sociais entre coletividades de tamanhos diferentes: partidos, sindicatos, igrejas, aldeias, regiões, clãs, famílias, nações etc. A referência ao passado serve para manter a coesão dos grupos e das instituições que compõem uma sociedade, para definir seu lugar respectivo, sua complementaridade, mas também suas oposições irredutíveis. Manter a coesão interna e defender as fronteiras daquilo que um grupo tem em comum, em que se inclui o território (no caso dos Estados), eis as duas funções essenciais da memória comum."

Michael Pollak. Memória, esquecimento, silêncio, 1989.

MEMÓRIA E HISTÓRIA: FONTE OU DEVER?

Muitos historiadores apontam os perigos dos processos de sacralização da memória e argumentam que o estabelecimento de leis que definem como devem ser tratados certos eventos históricos acarreta sérios riscos. A imposição de uma única visão da História, segundo esses historiadores, transforma uma memória em valor inconteste, eliminando qualquer possibilidade de discussão sobre os temas históricos.

"Nesta virada para o século XXI, ressurgem de maneira crescente críticas ao uso de testemunhos como fontes históricas. Esse posicionamento é, em grande parte, uma reação ao comprometimento das sociedades contemporâneas com o chamado 'dever de memória'. De acordo com Olivier Lalieu, em seu artigo 'L'invention du devoir de mémoire', essa expressão foi criada para designar uma espécie de culto aos mortos, vítimas de atos de repressão e de traumas políticos, culto esse que produz desdobramentos e obrigações nos domínios históricos, jurídicos, financeiros e políticos. Nesse contexto, o ato de testemunhar ganha um novo significado, e as vítimas ou seus descendentes transformam-se em agentes fundamentais para o exercício do dever de memória, entendido agora não apenas em sua dimensão de culto aos mortos, de dever de lembrança e homenagem, mas também como direito de reclamar justiça e conquistar resultados concretos nos domínios político, judicial e financeiro. [...]

Entretanto, o abuso das políticas memoriais, para usar as palavras de Todorov, teria transformado as lembranças em armas políticas e garantido uma sacralização para os testemunhos, que conduz à valorização de uma representação do passado a partir essencialmente de destinos individuais. A afirmação dessas práticas políticas tem provocado intensos debates e críticas nas comunidades dos historiadores e tem levado ao questionamento dos instrumentos legais utilizados pelos Estados na gestão de passados e nos processos de sacralização de memórias.

Um primeiro ponto que tem gerado polêmica está relacionado à definição de conteúdos históricos sancionados por legisladores, que podem estar em desacordo com a produção historiográfica. O estabelecimento de políticas memoriais vinculadas ao atendimento de reivindicações de reparação por parte das vítimas ao Estado muitas vezes se choca com a interpretação de eventos históricos e coloca sob suspeição o saber produzido pelos historiadores, bem como seu papel no espaço público."

Marieta de Moraes Ferreira e Alexandre Fortes.
Memórias do PT: as vozes de seus construtores, 2008.

7. História oral

Durante muito tempo, a discussão acerca dos problemas metodológicos da História oral despertou pouco interesse entre os historiadores. Isso é explicado, em grande parte, pela resistência em incorporar ao seu universo de pesquisa a possibilidade do uso de fontes orais. Tal desinteresse e desconfiança resultam, por sua vez, em formas tradicionalistas de conceber a História e a validade de suas fontes.

Se essa era a postura dos profissionais da História, nem por isso o interesse pelos relatos orais — que, aliás, estiveram na origem da historiografia clássica — desapareceu completamente. No século XX, o desenvolvimento tecnológico abriu a possibilidade da coleta de depoimentos pessoais mediante a utilização de um gravador. Foi o jornalista norte-americano Allan Nevins que, na década de 1940, desenvolveu um programa de entrevistas voltado para a recuperação de informações sobre os grupos dominantes nos Estados Unidos. Esse programa veio a constituir o *Columbia Oral History Office*, organismo que serviu de modelo para outros centros criados nos anos 1950 em bibliotecas e arquivos no país. Esse primeiro ciclo de expansão do que se chamou de História oral privilegiou o estudo das elites e a ela se atribuiu a tarefa de preencher as lacunas do registro escrito através da formação de arquivos com fitas transcritas.

Nas últimas duas décadas, a valorização das investigações dos usos políticos do passado recente e o estudo das visões de mundo de vários grupos sociais possibilitaram que as entrevistas orais fossem vistas como memórias que espelham determinadas representações. Assim, as possíveis distorções dos depoimentos e a falta de veracidade a eles imputada deixaram de ser um problema crucial para serem encaradas de uma nova maneira, não como uma desqualificação, mas como uma fonte adicional para a pesquisa.

Uma avaliação mais detida do campo que tem sido chamado de História oral nos permite detectar três linhas de trabalho que, embora não sejam excludentes e estejam entrecruzadas em muitos casos, revelam abordagens distintas. A primeira delas utiliza a denominação "História oral" e trabalha prioritariamente com os depoimentos orais como instrumentos para preencher as lacunas deixadas pelas fontes escritas. Essa abordagem tem se voltado tanto para os estudos das elites, das políticas públicas implementadas pelo Estado (estudos sobre a administração pública, as decisões tomadas em diferentes espaços e grupos), como para a recuperação da trajetória dos grupos excluídos, cujas fontes são especialmente precárias. Na recuperação da história dos excluídos, os depoimentos orais podem servir ainda como instrumentos de construção de identidade e de transformação social. O ponto central que unifica as preocupações daqueles que se dedicam ao estudo das elites e dos que se voltam para o estudo dos excluídos é garantir o máximo de veracidade e de objetividade aos depoimentos orais produzidos. Os instrumentos para atingir tais objetivos seriam a formulação, no caso dos estudos acadêmicos, de roteiros de entrevistas consistentes, de maneira a controlar o depoimento, bem como o trabalho com outras fontes, de forma a reunir elementos para realizar a contraprova e excluir as distorções. Com base nesses procedimentos, erigem-se argumentos em defesa da História oral como capaz de apresentar relatos que, se não eliminam a subjetividade, possuem instrumentos para controlá-la.

Uma segunda abordagem no campo da História oral é aquela que privilegia o estudo das representações e atribui um papel central às relações entre memória e História, buscando realizar uma discussão mais refinada dos usos políticos do passado. Nesta vertente, a subjetividade e as deformações do depoimento oral não são vistas como elementos negativos para o uso da História oral. Consequentemente, a elaboração dos roteiros e a realização das entrevistas não estão essencialmente voltadas para a checagem das informações e a apresentação de elementos que possam se constituir em contraprova, de maneira a confirmar ou contestar os depoimentos obtidos. As distorções da memória podem se revelar mais um recurso do que um problema, já que a veracidade dos depoimentos não é a preocupação central. Esta abordagem, assim como a primeira, tem sido adotada para o estudo das elites políticas, quando a intenção principal é compreender o seu imaginário político e, também, para o estudo das representações das camadas populares.

Uma terceira abordagem trabalha com a História oral como um instrumento de intervenção social voltada especialmente para a recuperação da trajetória de segmentos excluídos e marginalizados ou para registrar memórias de grupos impactados por grandes traumas como guerras, genocídios e massacres. Nesses casos, os depoimentos orais, inseridos em grandes programas intitulados "projetos testemunhais", são encarados como dever de memória, destinados a recompensar perdas morais e materiais das vítimas. Ainda nesta linha, a História oral é concebida como um meio para a (re)construção de identidades e de transformação social e os usos do conceito de memória coletiva não evidenciam uma discussão mais aprofundada sobre as implicações da noção de memória. Em muitos casos, essa noção é apresentada como algo estável e congelado no passado a ser resgatado pelos executores dos projetos.

Bibliografia sugerida

ALBERTI, Verena. *O fascínio do vivido, ou o que atrai na História oral.* Rio de Janeiro: FGV-CPDOC, 2003.

AMADO, Janaína; FERREIRA, Marieta de Moraes (Org.). *Usos e abusos da História oral.* Rio de Janeiro: FGV, 1998.

______. *Usos e abusos da História oral.* Rio de Janeiro: FGV, 2006.

FERREIRA, Marieta de Moraes (Coord.). *Entre-vistas*: abordagens e usos da História oral. Rio de Janeiro: FGV, 1998.

FRISCH, Michael; HAMILTON, Paula; THOMSON, Alistair. Os debates sobre memória e História: alguns aspectos internacionais. In: AMADO, Janaína; FERREIRA, Marieta de Moraes (Org.). *Usos e abusos da História oral.* Rio de Janeiro: FGV, 2006. p. 65-91.

SIMSON, Olga Rodrigues de Moraes von. *Os desafios contemporâneos da História oral.* Campinas: Área de Publicações CMU/Unicamp, 1997.

THOMPSON, Paul. *História oral*: a voz do passado. Rio de Janeiro: Paz e Terra, 1992.

Sites

Associação Brasileira de História Oral. Disponível em: <www.cpdoc.fgv.br/abho/>

Centro de Pesquisa e Documentação de História Contemporânea do Brasil. Disponível em: <www.cpdoc.fgv.br>

Núcleo de Estudos em História Oral da Universidade de São Paulo. Disponível em: <www.fflch.usp.br/dh/neho/>

Para aprofundar o tema

O ESTATUTO DA HISTÓRIA ORAL

Neste trecho temos a discussão sobre o estatuto da História oral e a indicação de três tendências dominantes no campo: a História oral é uma técnica, uma disciplina ou uma metodologia?

"[...] é possível reduzir a três as principais posturas a respeito do status da História oral. A primeira advoga ser a História oral uma técnica; a segunda, uma disciplina; e a terceira, uma metodologia. Aos defensores da História oral como técnica interessam as experiências com gravações, transcrições e conservação de entrevistas, e o aparato que as cerca: tipos de aparelhagem de som, formas de transcrição de fitas, modelos de organização de acervo etc. Alguns defensores dessa posição são pessoas envolvidas diretamente na constituição e conservação de acervos orais; [...]. A essas pessoas, entretanto, somam-se as que efetivamente concebem a História oral como uma técnica, negando-lhe qualquer pretensão metodológica ou teórica: 'A chamada 'História oral' não passa de um conjunto de procedimentos técnicos para a utilização do gravador em pesquisa e para posterior conservação das fitas. Querer mais do que isso é ingressar no terreno da mais pura fantasia. A História oral não possui os fundamentos filosóficos da teoria, nem os procedimentos que [...] possam ser qualificados como metodológicos. [...]'

[...]

Os que postulam para a História oral status de disciplina baseiam-se em argumentos complexos, por vezes contraditórios entre si. Todos, entretanto, parecem partir de uma ideia fundamental: a História oral inaugurou técnicas específicas de pesquisa, procedimentos metodológicos singulares e um conjunto próprio de conceitos; este conjunto, por sua vez, norteia as duas outras instâncias, conferindo-lhes significado e emprestando unidade ao novo campo do conhecimento: 'Pensar a História oral dissociada da teoria é o mesmo que conceber qualquer tipo de História como um conjunto de técnicas, incapaz de refletir sobre si mesma [...].

Não só a História oral é teórica, como constitui um corpus teórico distinto, diretamente relacionado às suas práticas.'

[...]

Entre os defensores da História oral como metodologia situam-se as autoras desta apresentação e organizadoras do presente livro.

[...]

Em nosso entender, a História oral, como todas as metodologias, apenas estabelece e ordena procedimentos de trabalho — tais como os diversos tipos de entrevista e as implicações de cada um deles para a pesquisa, as várias possibilidades de transcrição de depoimentos, suas vantagens e desvantagens, as diferentes maneiras de o historiador relacionar-se com seus entrevistados e as influências disso sobre seu trabalho —, funcionando como ponte entre teoria e prática. Esse é o terreno da História oral — o que, a nosso ver, não permite classificá-la unicamente como prática. Mas, na área teórica, a História oral é capaz apenas de suscitar, jamais de solucionar, questões; formula as perguntas, porém não pode oferecer as respostas.

As soluções e explicações devem ser buscadas onde sempre estiveram: na boa e antiga teoria da História. Aí se agrupam conceitos capazes de pensar abstratamente os problemas metodológicos gerados pelo fazer histórico."

Janaína Amado e Marieta de Moraes Ferreira. Usos e abusos da História oral, 1996.

DILEMAS ÉTICOS E POLÍTICOS PARA O USO DA HISTÓRIA ORAL

O trabalho com História oral nos coloca em contato com testemunhos que vivenciaram diretamente ou indiretamente os eventos narrados. Além disso, o pesquisador estabelece contatos pessoais com os depoentes. Lidar com essas situações exige cuidado e atenção de maneira a não ferir eticamente os direitos daqueles que narram suas memórias.

"Métodos como esse impõem dilemas éticos que constituem verdadeiros desafios para os historiadores orais. As entrevistas que exploram os meios empregados por uma pessoa para se recordar de seu passado podem ser gratificantes para o entrevistador, mas também podem ser perturbadoras ou até prejudiciais para o entrevistado. Ao contrário do terapeuta, os historiadores orais podem não estar por perto para juntar os pedaços da memória que foi desmantelada e que já não é mais segura. Mesmo quando feitas com grande cautela e sensibilidade, e partem da regra fundamental de que o bem-estar do entrevistado sempre prevalece sobre os interesses da pesquisa, as entrevistas que exploram a natureza e os processos da rememoração tornam menos precisos os limites do relacionamento na História oral.

[...]

O trabalho de História oral que se vale de teorias sobre a memória e a subjetividade aponta um segundo dilema ético, este com dimensão política. É relativamente fácil colaborar para a produção de uma História que dê aval público a pessoas cujas vidas e memórias foram marginalizadas, e que desafie os que exerceram essa opressão. [...] Mas o que dizer de projetos de História oral que se utilizam do depoimento oral para explorar e questionar mitos públicos que serviram de refúgio seguro para as pessoas que estão sendo entrevistadas, e que talvez não desejem ter suas memórias questionadas ou suas histórias contestadas? Por um lado, os historiadores orais podem achar que não têm o direito de usar as memórias das pessoas para fazer histórias que contestem ou critiquem seus narradores, e que isso constitui abuso de confiança. Por outro lado, os historiadores orais podem achar que têm outro dever para com a sociedade e a História, a responsabilidade de contestar mitos históricos que privilegiam certas pessoas em detrimento de outras. Talvez todos os pesquisadores convivam com este dilema, mas para os historiadores orais ele está mais presente, porque mantemos relações pessoais com nossas fontes."

Alistair Thomson; Michael Frisch; Paula Hamilton.
Os debates sobre memória e História: alguns aspectos internacionais, 1994.

8. Métodos quantitativos e qualitativos

Para a escrita da História, o pesquisador pode se utilizar de fontes com as mais diversas características (escritas, orais, iconográficas, cartográficas...). Muitas vezes, trabalha com os poucos registros que restaram, noutras vê-se repleto de documentos. Assim, para produzir seu texto, o historiador terá de selecionar e escolher as formas de analisar seus documentos. Essas possibilidades metodológicas das fontes estão diretamente ligadas às características de cada documento, mas caberá ao historiador definir a abordagem que considera mais adequada.

O método quantitativo, como o próprio nome indica, utiliza a quantificação de dados contidos nos documentos. Por meio da coleta sistemática de informações, o historiador valorizará aspectos que se repetem de forma a convertê-los em números que possibilitem verificar a ocorrência ou não de fenômenos e permitir a formulação de hipóteses. O método quantitativo ganhou impulso a partir do advento do computador, que permitiu a análise em série de uma grande quantidade de fontes. Os dados passaram a ser reunidos em bancos de dados que filtram informações, quantificam ocorrências, produzem índices e taxas das fontes pesquisadas.

São as características inerentes às fontes que determinam a utilização de uma metodologia específica. Os registros de batismo, por exemplo, possibilitam a análise quantitativa. No Brasil colonial, o sacramento do batismo era obrigatório a toda a população e seu registro deveria seguir um padrão, como em todas as regiões católicas da época. Assim, o nome do batizado, o sexo, os nomes dos pais, dos padrinhos, localidade e a data da cerimônia são elementos que se repetem em todos os registros. O historiador, a partir de um método quantitativo, pode avaliar a frequência com que nasciam as crianças numa determinada comunidade ou se nasciam mais meninos ou meninas.

A historiografia das décadas de 1950 e 1960 utilizou-se amplamente dessa metodologia, dando grande ênfase às conjunturas econômicas. A análise massiva de fontes fez muitos historiadores acreditarem que eles, enfim, haviam encontrado uma metodologia confiável em termos de reconstituição histórica. De fato, a quantificação dos dados, quando era possível conseguir um grande volume de fontes, possibilitava estabelecer, com certa precisão, grandes tendências e a representatividade de fenômenos. Graças à História demográfica, muito em voga nas décadas de 1960 e 1970, os pesquisadores puderam estabelecer características gerais de muitas populações (número de nascimentos, taxas de natalidade e mortalidade, variabilidade de preços etc.).

No entanto, a dificuldade de encontrar séries longas e confiáveis e os questionamentos à historiografia das grandes estruturas foram favorecendo a utilização cada vez maior de métodos qualitativos. O principal questionamento feito era de que esses grandes ciclos de análise macro acabavam por desprezar o papel dos indivíduos na História.

O método qualitativo difere do quantitativo na medida em que não se utiliza de estatísticas como base de análise de um problema, não pretendendo medir ou numerar categorias. A pesquisa quantitativa trabalha predominantemente com informações coletadas que são expressas em números. As fontes qualitativas incluem, além das de origem escrita, documentos como pinturas, fotografias, desenhos, filmes, vídeos e música. Seu papel é fornecer a possibilidade de interpretação através de fontes que acrescentem qualidade à pesquisa, ou seja, permitem a individualização dos casos em detrimento de generalizações conjunturais.

Dentro dessa perspectiva, o historiador privilegia fenômenos únicos ao invés da quantificação e trabalha com situações complexas que não permitem definições exatas *a priori*. Sua orientação passa a centrar-se no processo histórico. A utilização de métodos qualitativos tornou-se cada vez mais frequente a partir da década de 1960. A utilização de fontes individualizadas, como a iconografia, o relato oral, os filmes, se mostraram um recurso cada vez mais utilizado pela Micro-História ou a nova História francesa.

Os métodos quantitativos não foram totalmente abandonados, mas deixaram de ser a principal forma de explicação para se tornarem mais uma técnica à disposição dos pesquisadores. Assim, os trabalhos de História podem se beneficiar de métodos que, na verdade, são complementares, cada qual com suas vantagens e limites.

Bibliografia sugerida

CHAUNU, Pierre. *A História como Ciência Social*: a duração, o espaço e o homem na época moderna. Rio de Janeiro: Jorge Zahar, 1976.

FARIA, Sheila. História da família e demografia histórica. In: CARDOSO, Ciro Flamarion; VAINFAS, Ronaldo (Org.). *Domínios da História*. Rio de Janeiro: Campus, 1997. p. 241-258.

FRAGOSO, João Luís; FLORENTINO, Manolo. História Econômica: In: CARDOSO, Ciro; VAINFAS, Ronaldo (Org.). *Domínios da História*. Rio de Janeiro: Campus, 1997. p. 27-45.

MARCÍLIO, Maria Luíza. Os registros paroquiais e a História do Brasil. *Revista Varia Historia*, Belo Horizonte, n. 31, p. 13-20, jan. 2004.

MESQUITA, Eni de; SILVEIRA, Ismênia. *História & documento e metodologia de pesquisa*. Belo Horizonte: Autêntica, 2007.

PINSKY, Carla Bassanezi (Org.). *Fontes históricas*. São Paulo: Contexto, 2005.

REVISTA Estudos Históricos. Arquivos Pessoais, Rio de Janeiro: CPDOC-FGV, n. 21, 1998.

Site

ASSIS, Machado de. *Esaú e Jacó*. Disponível em:<http://portal.mec.gov.br/machado/index.php?option=com_frontpage&Itemid=1>. Acesso em: set. 2009.

Para aprofundar o tema

A DEMOGRAFIA HISTÓRICA E A ANÁLISE QUANTITATIVA

Como já foi dito, as fontes não possuem uma natureza (quantitativa ou qualitativa) preestabelecida. O método de utilização faz parte do trabalho do historiador, assim, uma fonte pode ser analisada segundo critérios quantitativos ou qualitativos. As fontes que seguem um padrão, como as certidões de nascimento, casamento e óbito, podem ser muito úteis para análises quantitativas porque permitem a quantificação de elementos que se repetem ao longo de anos. Por sua vez, podem também ser objeto de análises qualitativas, na medida em que contêm informações pouco comuns ao conjunto dos documentos. A demografia histórica foi uma metodologia muito em voga na Europa ao longo dos anos 1960 e 1970. Por meio dela, novos trabalhos possibilitaram fornecer visões de conjunto, reavaliando várias posições da historiografia de então. No trecho a seguir, a historiadora Maria Luíza Marcílio faz uma apreciação crítica sobre a importância da demografia para a História.

"Descobriu-se, com os trabalhos da Demografia Histórica, realidades humanas inusitadas, nunca antes vislumbradas ou mal definidas. Agora, partia-se de realidades humanas empiricamente documentadas e de forma abrangente. [...]

O mundo da infância (que guardou tão poucos testemunhos) e com muitas de suas variáveis sociais pôde ser resgatado. O mundo das famílias foi outro viés que foi penetrado por novos ângulos e, com novas descobertas através das análises da Demografia Histórica, baseadas em Registros Paroquiais, veio à luz em toda a sua variedade. A Mulher, tão escondida nos documentos oficiais e particulares do passado, pôde ter parte de seu passado desvendado. A morte, a doença, as epidemias mortíferas do passado foram outros tantos estudos que vieram à luz. Até mesmo a movimentação espacial das populações foi possível com base nas informações contidas nos registros de matrimônios e de óbitos.

[...]

O mundo da criança brasileira na História começou a ser desvendado. A alta presença de filhos ilegítimos, dentro da população não escrava, o ato de abandonar o filho ao nascer, a variação dos nomes e dos prenomes dados às pessoas na pia batismal, a presença largamente difundida de concubinatos, que chegou a caracterizar boa parte senão a maioria das uniões no Brasil católico, de ontem e de hoje, as diferenças sociais marcantes ante a doença e a morte, a sinalização de anos e do volume de certas epidemias que assolaram nossas populações do passado, o mundo do trabalho e de suas profissões e ocupações no Brasil antigo, foram temas e realidades maiores e muitas vezes pioneiros desvendados pelos estudos de Demografia Histórica."

Maria Luíza Marcílio. Os registros paroquiais e a História do Brasil, 2004.

A LITERATURA E ANÁLISES QUALITATIVAS

Como quaisquer fontes, os registros literários (contos, crônicas, romances, poesias) são produções históricas e cabe ao leitor (historiador, professor, aluno...) compreender o contexto em que foram feitas. De maneira geral, as obras de ficção são fontes utilizadas de maneira qualitativa, pois fornecem versões individualizadas da sociedade, mesmo que imersas no contexto histórico em que foram criadas. Assim, não há autor ou artista fora do seu tempo. A literatura pode trazer muitos benefícios para a análise de uma época na medida em que revelam dinâmicas sociais. Por meio delas, podemos analisar a visão dos autores mesmo que sempre com concepções e práticas de seu tempo e lugar. No romance Esaú e Jacó, do escritor Machado de Assis (1839-1908), os personagens Pedro e Paulo são irmãos gêmeos e de orientações políticas contrárias: Pedro é monarquista e conservador, Paulo é republicano e liberal. Publicada em 1904, a obra lança um olhar retrospectivo sobre a passagem do império para a república no Brasil. No trecho a seguir, Machado narra o dia 15 de novembro de 1889 por meio de um dos personagens.

"Quando lhe acontecia o que ficou contado, era costume de Aires sair cedo, a espairecer. Nem sempre acertava. Desta vez foi ao Passeio Público. Chegou às sete horas e meia, entrou, subiu ao terraço e olhou para o mar. O mar estava crespo. Aires começou a passear ao longo do terraço, ouvindo as ondas, e chegando-se à borda, de quando em quando, para vê-las bater e recuar. Gostava delas assim; achava-lhes uma espécie de alma forte, que as movia para meter medo à terra. A água, enroscando-se em si mesma, dava-lhe uma sensação, mais que de vida, de pessoa também, a que não faltavam nervos nem músculos, nem a voz que bradava as suas cóleras.

Enfim, cansou e desceu, foi-se ao lago, ao arvoredo, e passeou à toa, revivendo homens e coisas, até que se sentou em um banco. Notou que a pouca gente que havia ali não estava sentada, como de costume, olhando à toa, lendo gazetas ou cochilando a vigília de uma noite sem cama. Estava de pé, falando entre si, e a outra que entrava ia pegando na conversação sem conhecer os interlocutores; assim lhe pareceu, ao menos. Ouviu umas palavras soltas, Deodoro, batalhões, campo, ministério, etc. Algumas, ditas em tom alto, vinham acaso para ele, a ver se lhe espertavam a curiosidade, e se obtinham mais uma orelha às notícias. Não juro que assim fosse, porque o dia vai longe, e as pessoas não eram conhecidas. O próprio Aires, se tal coisa suspeitou, não a disse a ninguém; também não afiou o ouvido para alcançar o resto. Ao contrário, lembrando-lhe algo particular, escreveu a lápis uma nota na carteira. Tanto bastou para que os curiosos se dispersassem, não sem algum epíteto de louvor, uns ao governo, outros ao exército: podia ser amigo de um ou de outro.

Quando Aires saiu do Passeio Público, suspeitava alguma coisa, e seguiu até o Largo da Carioca. Poucas palavras e sumidas, gente parada, caras espantadas, vultos que arrepiavam caminho, mas nenhuma notícia clara nem completa. Na Rua do Ouvidor, soube que os militares tinham feito uma revolução, ouviu descrições da marcha e das pessoas, e notícias desencontradas. Voltou ao largo, onde três tílburis o disputaram; ele entrou no que lhe ficou mais à mão, e mandou tocar para o Catete. Não perguntou nada ao cocheiro; este é que lhe disse tudo e o resto. Falou de uma revolução, de dois ministros mortos, um fugido, os demais presos. O imperador, capturado em Petrópolis, vinha descendo a serra.

Aires olhava para o cocheiro, cuja palavra saía deliciosa de novidade. Não lhe era desconhecida esta criatura. Já a vira, sem o tílburi, na rua ou na sala, à missa ou a bordo, nem sempre homem, alguma vez mulher, vestida de seda ou de chita. Quis saber mais, mostrou-se interessado e curioso, e acabou perguntando se realmente houvera o que dizia. O cocheiro contou que ouvira tudo a um homem que trouxera da Rua dos Inválidos e levara ao Largo da Glória, por sinal que estava assombrado, não podia falar, pedia-lhe que corresse, que lhe pagaria o dobro; e pagou.

— Talvez fosse algum implicado no barulho, sugeriu Aires.

— Também pode ser, porque ele levava o chapéu derrubado, e a princípio pensei que tinha sangue nos dedos, mas reparei e vi que era barro; com certeza, vinha de descer algum muro. Mas, pensando bem, creio que era sangue; barro não tem aquela cor. A verdade é que ele pagou o dobro da viagem, e com razão, porque a cidade não está segura, e a gente corre grande risco levando pessoas de um lado para outro...

Chegavam justamente à porta de Aires; este mandou parar o veículo, pagou pela tabela e desceu. Subindo a escada, ia naturalmente pensando nos acontecimentos possíveis. No alto achou o criado que sabia tudo, e lhe perguntou se era certo...

— O que é que não é certo, José? É mais que certo.

— Que mataram três ministros?

— Não; há só um ferido.

— Eu ouvi que mais gente também, falaram em dez mortos...

— A morte é um fenômeno igual à vida; talvez os mortos vivam. Em todo caso, não lhes rezes por almas, porque não és bom católico, José."

Machado de Assis. *Esaú e Jacó*, 1904.

Parte IV

Em sala de aula

1. A História na escola

Ensinar História não é uma tarefa fácil. Até agora, procurou-se tratar de alguns dos aspectos que dizem respeito ao ofício do historiador, mas falar de História diz respeito também ao seu ensino. Afinal, como explicar métodos tão diferentes, questões tão complexas e que tomam tempo de gerações de historiadores, para alunos que, muitas vezes, terão aulas de História somente até o Ensino Médio?

A simples repetição de conteúdos acaba por dificultar o entendimento da disciplina, obrigando professores e alunos à reprodução de conteúdos e afastando o ensino de História do processo de elaboração do conhecimento. Nesse sentido, vale perguntar, para que serve a História? Ao longo dos tempos, a História ensinada sempre teve uma função. No caso brasileiro, o ensino de História tinha um fundamento religioso e acabou por se encarregar de formar cidadãos. De uma maneira ou de outra, a História escolar serviu a projetos de identidade, fosse da nação, fosse de determinados segmentos sociais. Esse comprometimento moral, que fornece afirmações taxativas sobre o passado baseados numa orientação, acaba por contribuir para a produção de discursos unilaterais comprometidos com os ideais do momento, afastando a multiplicidade de visões que constitui a produção do conhecimento.

O ensino escolar ganha na medida em que pode se utilizar da diversidade de interpretações como forma de expor a multiplicidade de enfoques, própria do conhecimento. Nesse sentido, compreender as lógicas de elaboração da escrita da História pode contribuir para a autonomia da História ensinada, tendo por base a sua diversidade. A compreensão das questões e dos métodos utilizados pelos historiadores, sem pretender fazer com que professores e alunos reproduzam práticas tal qual historiadores profissionais, ajuda na dinâmica da aprendizagem e aproximam conhecimentos que são, na verdade, complementares.

Por isso, o conhecimento histórico em sala de aula pressupõe dinamismo e diversidade e, sobretudo, a consciência, por parte de professores e alunos, de que a História relaciona-se a construções provisórias, superáveis e relativas. Tal como acontece com a Medicina, em que o conhecimento é permanentemente reavaliado, novas técnicas e tratamentos são a cada dia descobertos, a História também trabalha com verdades que respondem questões de uma determinada época. Como o conhecimento em História não é progressivo, todos os documentos e estudos devem ser entendidos em seu contexto.

O caráter processual da elaboração do conhecimento tem muito a contribuir para o ensino da História. Por isso, insistimos no conhecimento de aspectos fundamentais do ofício do historiador e de algumas vertentes historiográficas. Por meio deles, é possível destacar elementos importantes e o porquê de algumas interpretações recorrentes nos livros didáticos. Não se trata de tutelar o ensino escolar às orientações historiográficas, mas, pelo contrário, compreender que o processo de construção do conhecimento histórico e a História ensinada são saberes inter-relacionados.

A História é uma disciplina que elabora discursos sobre o passado. Por isso, é fundamental o entendimento de que passado e História são instâncias autônomas, mesmo que intimamente relacionadas. Cabe a professores e alunos a compreensão de que reler os vestígios do passado e reinterpretá-los constitui a base do conhecimento histórico. A diversidade de abordagens faz parte da historiografia. Esse relativismo, comum a qualquer campo científico, é característico da contemporaneidade e constitui o cerne do exercício intelectual. O ensino da História ganha na medida em que souber manejar essas informações com tranquilidade, utilizando a multiplicidade como elemento agregador e dinamizante, sem ter de se filiar a orientações, sejam de ordem política, sejam metodológicas.

Nesse sentido, a História pode contribuir para diversas discussões sem ter obrigatoriamente uma função preestabelecida, seja ela de formar cidadãos, civilizar, valorizar a pátria, como se acreditou durante muito tempo. A cidadania, por exemplo, é um elemento importante, mas por si só não determina a presença e a importância da História na escola. Nesse sentido, a disciplina tem um papel de ensinar a refletir e a ler o mundo a partir de uma orientação histórica. Contribui na medida em que ajuda os alunos a entenderem noções como o tempo, as permanências, as mudanças, o contexto e, a partir disso, serem capazes de selecionar e criticar as informações do seu dia a dia. A História, isoladamente, ou qualquer outra disciplina, não forma cidadãos, por outro lado, é impossível construir cidadania sem as noções de historicidade, de construção do saber sobre o vivido e sobre o tempo que só o conhecimento histórico pode dar.

Bibliografia sugerida

FONSECA, Thais Nivia de Lima e. *História & ensino de História*. Belo Horizonte: Autêntica, 2003.

FORQUIN, Jean-Claude. *Escola e cultura*: as bases sociais e epistemológicas do conhecimento escolar. Tradução Guacira Lopes Louro. Porto Alegre: Artes Médicas, 1993. p. 14-18.

MATTOS, Ilmar Rohloff (Org.). *Histórias do ensino da História no Brasil*. Rio de Janeiro: Access, 1999.

REVISTA Brasileira de História. Memória, História, Historiografia: dossiê ensino de História. São Paulo: Editora Marco Zero, v. 13, n. 25/26, set. 1992/ago. 1993.

MONTEIRO, Ana Maria F. da C. Ensino de História e História cultural: diálogos possíveis. In: SOIHET, R.; BICALHO, M. F. B.; GOUVÊA, M. F. S. (Org.). *Culturas políticas* — Ensaios de História cultural – História política e ensino de História. Rio de Janeiro: Faperj/Mauad, 2005. p. 433-452.

________; GASPARELLO, Arlette M.; MAGALHÃES, Marcelo (Org.). *Ensino de História*: sujeitos, saberes e práticas. Rio de Janeiro: Mauad X, 2007.

ROCHA, Helenice; REZNIK, Luís. *A História na escola*: autores, livros e leituras. Rio de Janeiro: FGV, 2009.

SOIHET, Rachel; ABREU, Martha. *Ensino de História, conceitos, temáticas e metodologia*. Rio de Janeiro: Casa da Palavra/Faperj, 2003.

Para aprofundar o tema

ESCOLA E CULTURA

A partir das três últimas décadas do século XX, os estudos e pesquisas sobre o currículo escolar voltaram- se para a investigação das relações entre escola e cultura, buscando compreender melhor o papel desempenhado pela escola na produção da memória coletiva, das identidades sociais e da reprodução (ou transformação) das relações de poder. Sociólogo da educação, Jean-Claude Forquin discute importantes questões sobre o currículo escolar, enfatizando que, se por um lado, a educação não é nada fora da cultura, por outro, é pela educação, através do trabalho de uma "tradição docente", que a cultura se transmite e se perpetua: a educação "realiza" a cultura como memória viva. No trecho a seguir, são analisados os processos de seleção e de reelaboração didática que incidem sobre os conhecimentos a serem transmitidos na educação escolar (que chamamos comumente de "conteúdos") para viabilizar suas aprendizagens.

"A ênfase posta sobre a função de conservação e de transmissão culturais da educação não deveria impedir-nos de prestar atenção ao fato de que toda educação, e em particular toda educação de tipo escolar, supõe sempre na verdade uma seleção no interior da cultura e uma reelaboração dos conteúdos da cultura destinados a serem transmitidos às novas gerações. Esta dupla exigência de seleção na cultura e de reelaboração didática faz com que não se possa apegar-se à afirmação geral e abstrata de uma unidade de educação e da cultura: é necessário matizar e especificar, isto é, construir uma verdadeira problemática das relações entre escola e cultura. [...]

No que se refere mais particularmente à educação de tipo escolar, a consciência de tudo o que ela conserva do passado não deve encorajar a inconsciência de tudo o que ela esquece, abandona ou rejeita. A cada geração, a cada 'renovação' da pedagogia e dos programas, são partes inteiras da herança que desaparecem da 'memória escolar', ao mesmo tempo que novos elementos surgem, novos conteúdos e novas formas de saber, novas configurações epistêmico-didáticas, novos modelos de certeza, novas definições de excelência acadêmica ou cultural, novos valores. Devemos assim reconhecer o grande poder de seleção da 'memória docente', sua capacidade de 'esquecimento ativo'. Pode-se então perguntar quais são os determinantes, desta seleção cognitiva e cultural que faz com que uma parte da herança humana é assim mantida 'a salvo do esquecimento', de geração a geração, enquanto que o resto parece consagrado ao sepultamento definitivo.

Mas não é apenas em relação ao passado, [...] que se põe o problema da 'seleção cultural escolar': é também, é até mesmo mais ainda, em relação ao estado dos conhecimentos, das ideias, dos hábitos, dos valores que se desenrolam atualmente no interior da sociedade. Reconheçamos, a escola não ensina senão uma parte extremamente restrita de tudo o que constitui a experiência coletiva, a cultura viva de uma comunidade humana. [...] O que se ensina é, então, com efeito, menos a cultura do que esta parte ou esta imagem idealizada da cultura que constitui o objeto de uma aprovação social e [...] sua 'versão autorizada', sua face legítima. [...] Segundo os países, as épocas, as ideologias políticas ou pedagógicas dominantes, os públicos de alunos aos quais se dirige, os critérios da 'seleção cultural escolar' irão variar e se contradizer... [...]

Mas há mais: a educação escolar não se limita a fazer uma seleção entre os saberes e os materiais culturais disponíveis num dado momento, ela deve também, para torná--los efetivamente transmissíveis, efetivamente assimiláveis às jovens gerações, entregar-se a um imenso trabalho de reorganização, de reestruturação, ou de 'transposição didática'. Ocorre que a ciência do sábio, assim como a obra do escritor ou do artista, ou o pensamento do teórico não são diretamente comunicáveis ao aluno: é necessária a intercessão de dispositivos mediadores, a longa paciência de aprendizagens metódicas [...], a elaboração de todos os elementos de saberes 'intermediários', que são tanto imagens artificiais quanto aproximações provisórias, mas necessárias... [...] Tal é o papel, por exemplo, dos manuais e de todos os materiais didáticos, mas também o dos exercícios escolares, das aulas, dos deveres, dos controles periódicos... [...]

Destacar-se-á, enfim, que, se o imperativo da 'transposição didática' impõe a emergência de configurações cognitivas específicas (os saberes e os modos de pensamento tipicamente escolares), estas configurações tendem a escapar de seu estatuto puramente funcional de instrumentos pedagógicos e de auxiliares das aprendizagens, para se constituir numa espécie de 'cultura escolar' sui generis, dotada de sua dinâmica própria e capaz de sair dos limites da escola para imprimir sua marca didática e acadêmica a toda espécie de outras atividades (que intervêm por exemplo no contexto dos lazeres, dos jogos, do turismo, no campo político ou no campo profissional), sustentando assim com as outras dinâmicas culturais (com as diferentes expressões da cultura 'erudita', com as diferentes formas da cultura dita 'popular', com os meios de comunicação de massa, com as práticas cognitivas ou as maneiras próprias de alguns grupos) relações complexas e [...] de nenhum modo redutíveis, em todo caso, aos processos de simples reflexo ou de 'repartição de tarefas'. Sabe-se, por exemplo, [...] como na Idade Média, o pensamento escolástico, esta 'arte de pensar' tipicamente universitária, inventada por e para a escola e obedecendo a uma codificação formal com função didática [...], pôde inscrever-se, como 'força formadora de hábitos', de modo suficientemente profundo, nos comportamentos dos contemporâneos, para que se encontre aí a manifestação, em certos caracteres estruturais específicos, da arquitetura gótica. Do mesmo modo, pode-se acompanhar, com os historiadores, a emergência, na época moderna, de uma 'cultura escolar' original repousando sobre saberes, hábitos, critérios de excelência, sistemas de valores típicos, e na qual não é possível ver o decalque puro e simples de uma 'cultura dominante' preexistente, ou a expressão direta dos interesses de tal ou qual grupo de pressão exterior à escola, o que não a impede de se construir através de conflitos e em função de dinâmicas sociais claramente identificáveis. Reconhecer esta especificidade da 'cultura escolar' não equivale, pois, a separar os 'sistemas de pensamento' subjacentes aos 'sistemas de ensino' dos outros dispositivos cognitivos e simbólicos que estão em ação no campo social, mas leva a colocar a ênfase na complexidade das relações entre escola e cultura e na impossibilidade de ver naquela o simples veículo ou reflexo de uma cultura posta como uma entidade una e indivisa."

Jean-Claude Forquin. *Escola e cultura*: as bases sociais e epistemológicas do conhecimento escolar, 1993.

HISTÓRIA E SABER ESCOLAR

Uma das discussões mais caras aos professores de História tem sido a questão do saber escolar. Essa preocupação ressurge em nova perspectiva, que rompe com as concepções vigentes desde meados do século XX, pautadas no modelo de racionalidade técnica. As pesquisas voltam-se para o interior da escola com o objetivo de compreender melhor o seu cotidiano e o fazer pedagógico no âmbito da cultura escolar. Neste texto, a historiadora brasileira Ana Maria Monteiro discute questões e desafios inerentes ao ensino da disciplina envolvendo o domínio de saberes referentes ao passado e seu diálogo com outros saberes que circulam e se difundem nas sociedades. Aborda as contribuições de diferentes autores que trabalham com os conceitos de saber escolar e de transposição didática para avaliar as potencialidades e limites de sua utilização no campo da História.

"Pesquisas confirmam que o currículo é campo de criação simbólica e cultural, permeado por conflitos e contradições, de constituição complexa e híbrida, com diferentes instâncias de realização: currículo formal, real, oculto. [...]

Essas novas perspectivas permitem avançar em relação a estudos e análises que, ao não reconhecerem a especificidade da cultura escolar, buscavam a melhoria do ensino através da maior aproximação com o conhecimento científico. O ensino seria aperfeiçoado na medida em que mais semelhante, coerente e atualizado fosse em relação à produção científica.

Essa orientação induzia pesquisadores a identificar erros no ensino realizado nas escolas, na medida em que sua atualização se faz mais lentamente, e também porque um processo de síncrese é realizado, com a utilização de contribuições de diferentes autores, alguns deles com pressupostos teóricos distintos, para configurar explicações ou exemplificações.

Ao ser radicalizada, esta crítica levou muitos a considerar o saber escolar um saber 'de segunda classe', inferior ao conhecimento científico, porque resultante de simplificações necessárias para o ensino a crianças e adolescentes, ou adultos ignorantes. Não defendemos aqui que todo ensino escolar é bem desenvolvido e imune a erros. A crítica, apoiada em autores que ignoram a especificidade da cultura e do saber escolar tem, no entanto, dificultado avanços para sua melhor realização.

Não podemos negar que o diálogo com o conhecimento científico é absolutamente fundamental. Mas é preciso compreender melhor como se dá a construção do saber escolar, que envolve a interlocução com o conhecimento científico, mas também com outros saberes que circulam no contexto cultural de referência.

Nesse sentido, o conceito de saber escolar, referenciado em pesquisadores do campo educacional da área do currículo e da história das disciplinas escolares, oferece contribuição importante para a melhor compreensão dos processos educativos. [...]

A perspectiva com a qual trabalhamos reconhece a especificidade epistemológica desta construção que tem na escola o locus por excelência, escola que deixa de ser considerada apenas local de instrução e transmissão de saberes, para ser compreendida como espaço educacional, configurado (por) e configurador de uma cultura escolar, onde se confrontam diferentes forças e interesses sociais, econômicos, políticos, culturais. Filia-se mais diretamente aos autores franceses que estudam os processos de transposição didática.

Nessa perspectiva, os saberes escolares, antes inquestionáveis e universais, passam a ser objeto de indagações que se voltam para aspectos relacionados à seleção cultural — quais saberes, motivos de opção, implicações culturais e repercussões sociais e políticas das opções, negações, ocultamentos, ênfases.

Mas, não basta selecionar. É preciso tornar os saberes possíveis de serem aprendidos. Nesse sentido, os estudos voltados para os processos de organização destes saberes investigam os processos de didatização, buscando superar a perspectiva instrumental e técnica, utilizando o conceito de transposição didática para analisar os processos realizados para viabilizar aprendizagens. Por transposição didática, Chevallard denomina o processo que transforma um saber acadêmico em saber a ensinar, e este, em saber ensinado.

Por último, e não menos importante, é preciso lembrar que o saber escolar, em sua constituição, passa por um processo de axiologização, ou seja, ele é veículo de transmissão e formação de valores entre os estudantes. A dimensão educativa, portanto, é estruturante deste saber, não sob a forma de proselitismo, mas através da seleção e didatização realizada: saberes negados ou afirmados; formas democráticas ou autoritárias de ensinar, métodos baseados na repetição e memorização, ou baseados no desenvolvimento do raciocínio e pensamento crítico."

Ana Maria Monteiro. Ensino de História e História cultural: diálogos possíveis, 2005.

2. O Brasil é um país sem memória?

O trabalho com a memória nos permite tomar diferentes caminhos: podemos focalizar nossos museus, nossos monumentos, nossas imagens, personagens do nosso passado. É possível também escolher diferentes fontes, que podem ser depoimentos obtidos através do método de História oral ou documentos escritos oficiais, como relatórios, livros e jornais. Gostaríamos de mostrar a possibilidade da escolha de um personagem, o ex-presidente Getúlio Vargas (1882-1954), selecionar como material de pesquisa jornais e definir como tema as comemorações dos 50 anos da morte de Vargas, ocorridas em 2004.

As comemorações em torno da figura de Vargas são uma constante na nossa história. Por isso mesmo, são elementos importantes para entendermos os mecanismos de construção e funcionamento da memória coletiva brasileira. É bom lembrar que o sentido primordial de comemorar é trazer à memória, recordar. Nem sempre a comemoração é festa ou celebração, pois pode expressar, também, estratégias de controle do passado para comandar o presente.

Os preparativos para a comemoração dos 50 anos do suicídio de Vargas reforçam a tese de que a memória tem sido uma das preocupações culturais mais importantes das sociedades contemporâneas. A volta ao passado conduz à produção de um culto à memória que se materializa de diversas maneiras, sendo a comemoração apenas uma delas. O que essas comemorações podem nos trazer?

Ao longo dos últimos 50 anos, os eventos comemorativos ligados a Vargas revestiram-se, em alguns momentos, de significados diferentes. No ano de 2004, mais que nunca foram evidentes o interesse e a mobilização provocados pela passagem de cinco décadas de sua morte. Prova disso foi a grande variedade de eventos, como seminários, exposições, debates, construção de memoriais, artigos em revistas especializadas, cadernos especiais nos jornais, programas de televisão e rádio etc. Há, sem dúvida, nessas práticas comemorativas, uma intenção de discutir a importância de Vargas em termos históricos. Mas que elementos foram lembrados? Que significados sua História adquiriu? A primeira constatação diante do boom de comemorações é que as atenções se concentraram no segundo governo (1950-1954), colocando numa posição de menor relevância as outras conjunturas e eventos da sua trajetória política.

A chamada Era Vargas tornou-se, então, uma matriz de referências para uma agenda política e econômica do país. A experiência do segundo governo Vargas trouxe uma definição clara do papel do Estado como eixo central de um projeto nacionalista. Foi um momento de crescimento econômico e de implantação de políticas industriais que estimularam a ampliação do mercado de trabalho, possibilitando maior inclusão social — e tudo se passou dentro do respeito às normas democráticas. Integrar o pleno funcionamento da democracia com a retomada do crescimento econômico e a diminuição das desigualdades sociais tem sido o grande desafio brasileiro e é compreensível que esse cenário provoque nostalgia naqueles que voltaram o olhar para a década de 1950, durante essas comemorações. É possível notar uma inegável positividade nas falas sobre Vargas, ficando em plano secundário as vozes que denunciam o legado autoritário e a história de repressão política de seu primeiro governo.

No entanto, diferentemente das comemorações que valorizaram o legado de Vargas em 2004, no início da década de 1990 era possível detectar avaliações de teor mais crítico expressas numa frase corrente na época: "A Era Vargas acabou". Essa percepção articulava-se a um questionamento do modelo de desenvolvimento econômico inaugurado por Getúlio e à crença de que a agenda de seu governo havia se tornado obsoleta. Quais seriam as razões dessa rejeição da herança varguista? A abertura da economia, a privatização das empresas estatais, a diminuição da ação do Estado e o compromisso com um programa de controle de contas públicas e de ajuste fiscal representavam, para alguns analistas, uma nova morte de Vargas. É verdade, também, que muitas vozes da oposição, naquele momento, continuavam a apregoar os valores positivos da herança varguista. Na luta contra as privatizações e no debate sobre a revisão da legislação trabalhista, a memória de Vargas, principalmente a Carta-testamento, funcionava como bandeira para contestar os rumos da política da época.

Recuando uma década mais, podemos nos perguntar como, no contexto da abertura política, em 1984, a memória de Vargas foi acionada. Naquele momento, a oposição se via diante do desafio de lançar uma candidatura civil para enfrentar o regime militar, após a derrota da campanha pelas eleições diretas. A oposição estava dividida, e alguns grupos mais radicais defendiam a não participação no processo eleitoral pela via indireta. Nessa conjuntura, o nome de Tancredo Neves (1910-1985) ganhou espaço como candidato do PMDB, com o desafio de conquistar o apoio dos demais setores de oposição. A memória de Vargas foi, então, colocada em cena como um elemento capaz de fornecer a unidade necessária para enfrentar as forças da situação, mas a preocupação, sem sombra dúvida, dizia respeito mais ao futuro do que ao passado.

Ao comparar esses momentos, percebe-se que a memória de Vargas pode ser apreendida de diferentes maneiras, de acordo com as demandas do presente. O que não é possível identificar é um descaso para com a memória deste personagem. Muitas vezes ouvimos dizer que o Brasil é um país sem memória. No entanto, um olhar atento para as comemorações em torno da figura de Vargas indica justamente o contrário. Todos sabemos que a memória não é fixa e una. É fragmentada e, muitas vezes, tem conteúdos conflitantes. Assim, está claro que não poderia haver uma memória congelada de Vargas que se pudesse sempre comemorar; cada comemoração é um momento de criação ou recriação de uma parcela do passado que se quer preservar. É, portanto, um momento propício não só para refletir sobre o significado histórico de Vargas, mas, sobretudo, para buscar compreender as intricadas operações da nossa memória coletiva.

Com esse exemplo, gostaríamos de sugerir como atividade que o professor juntamente com seus alunos escolham eventos, personagens e datas comemorativas da sua cidade, ou mesmo do país, para que, por meio de pesquisa feita em jornais, depoimentos e programas de televisão, possam compreender como se constroem diferentes visões e interpretações sobre o passado de acordo com o presente.

Bibliografia sugerida

ABREU, Marcelo Santos de. As comemorações da Revolução Constitucionalista de 1932: representação do passado e construção social do espaço regional (São Paulo, 1934 e 1955). *Revista Estudos Históricos*, Rio de Janeiro: CPDOC-FGV, n. 40, p. 154-171, jul./dez. 2007.

HEYMANN, Luciana Quillet. O "devoir de mémoire" na França contemporânea: entre memória, História, legislação e direitos. In: GOMES, Ângela de Castro. *Direitos e cidadania*. Rio de Janeiro: FGV, 2007.

HUYSSEN, Andreas. *Seduzidos pela memória*. Rio de Janeiro: Aeroplano, 2000.

REVISTA Estudos Históricos. Comemorações. Rio de Janeiro: CPDOC-FGV, v. 7, n. 14, 1994.

REVISTA Estudos Históricos. Heróis nacionais. Rio de Janeiro: CPDOC-FGV, v. 14, n. 25, 2000.

ROUSSO, Henry. *A memória não é mais o que era*. In: AMADO, Janaína; FERREIRA, Marieta (Coord.). Usos e abusos de História oral. Rio de Janeiro: FGV, 1998. p. 93- 101.

TODOROV, Tzevetan. *Memórias do mal, tentação do bem*: indagações sobre o século XX. São Paulo: Arx, 2002.

Para aprofundar o tema

"VIVERAM POUCO PARA MORRER BEM, MORRERAM JOVENS PARA VIVER SEMPRE": AS COMEMORAÇÕES DA REVOLUÇÃO CONSTITUCIONALISTA

Uma das formas de trabalhar com a memória e as identidades é explorando os diferentes tipos de comemorações que integram a memória coletiva brasileira. No texto do historiador Marcelo Abreu é possível perceber como as comemorações podem perpetuar a memória coletiva.

"A Revolução Constitucionalista de 1932 é um tema disputado. Desde o seu fim, os vencedores procuraram representá-la como tentativa de separatismo ou como movimento contrarrevolucionário que buscava assegurar a volta ao poder das oligarquias paulistas depostas em 1930. Os vencidos, no entanto, não aceitaram a derrota e tentaram qualificar o insucesso militar como um 'sacrifício' em prol da democracia e do Brasil. Julgavam que haviam vencido a batalha política, uma vez que viram conquistadas as reivindicações do movimento: as eleições para a Assembleia Constituinte, em 1933; a Constituição de 1934, a reconquista da autonomia e a garantia do princípio federativo.

Galileu Emendabili. *Obelisco*. Mármore. 72m com cripta em concreto 5m X 110m X 81m. Monumento mausoléu ao soldado constitucionalista de 1932. Parque do Ibirapuera, São Paulo, 2004. Juca Martins/Olhar Imagem

Para além dos livros publicados desde 1932, outras formas de construção da memória social foram acionadas para assegurar a verdade dessa interpretação da história. Desde 1932, a visita aos cemitérios indicava a importância que o culto aos mortos teria nas comemorações da Revolução Constitucionalista. Em 1934, pela primeira vez, organizaram-se cerimônias cívicas que visavam à perpetuação da lembrança dos acontecimentos. Em 1955, as comemorações mudaram com a inauguração do *Monumento-Mausoléu ao Soldado Constitucionalista de 1932*.

A partir desse ano, e até hoje, a celebração do passado concentrou-se na inumação dos mais de oitocentos combatentes mortos no interior do monumento. Nas duas situações, os rituais criados contra o esquecimento articulavam algumas ideias centrais: democracia, autonomia e unidade regional.

[...]

Neste sentido, entre 1934 e 1955, a ideia de democracia ilustrada de viés elitista e liberal não encontra mais lugar para realizar-se. Nos anos 1950, quando a democracia representativa funcionava plenamente, as leituras que os participantes das cerimônias do 9 de julho, inclusive a 'multidão' silenciosa, podiam fazer desse conceito provavelmente eram mais múltiplas do que nos anos 1930. Não é um acaso, portanto, que, além dos 'estudantes', os 'moços imolados', um homem do 'povo' fosse incorporado ao mesmo tempo ao 'patrimônio cívico de Piratininga'. A insistência na comunhão, na coesão social, é muito mais pronunciada em 1955 que em 1934.

Inversamente, a insistência no princípio da autoridade no ritual de 1934 é muito maior, como atestam o sentido atribuído à Faculdade de Direito pelo lugar que ela ocupava nas cerimônias e a reverência única à figura de Pedro de Toledo na passagem pelo Trianon. Em 1955, as hierarquias sociais também são objetivadas pelos rituais, mas de forma mais difusa e menos rígida, pois o centro do ritual é o culto aos mortos que consubstanciava o par estudantes-povo."

Marcelo Santos de Abreu. As comemorações da Revolução Constitucionalista de 1932, 2007.

3. Trabalhando com História oral

A denominação "história oral" é ampla e permite muitas confusões e abusos. Alguns acreditam ser possível aplicá-la a todo depoimento oral, produzido por qualquer indivíduo e em qualquer circunstância, sem nenhuma preparação prévia. É importante entender que há aí uma diferença entre o método de pesquisa denominado História oral e o simples registro de informações sonoras. A História oral pressupõe a produção de uma fonte oral específica, que é o resultado da pesquisa e do estudo prévio para a coleta de depoimentos com fins documentais, ou seja, da preservação de uma memória. Nesse sentido, o método de pesquisa não deve ser confundido com o emprego generalizado das expressões "fonte oral" ou "documentação oral", que se referem a informações registradas através do som em sentido amplo, como um programa de rádio ou uma entrevista jornalística.

Algumas das dificuldades da pesquisa com o método de História oral estão ligadas a problemas para o arquivamento e a preservação das fontes produzidas a partir de entrevistas, em virtude de nem sempre existirem condições adequadas para guardar o material. Na maioria dos casos, as entrevistas permanecem nas mãos de pesquisadores individuais, não havendo possibilidade de consulta por demais interessados. Para contornar esta dificuldade, muitos arquivos e bibliotecas têm criado acervos de depoimentos orais, produzidos por seus pesquisadores, mas também abertos para o recebimento e arquivamento de conjuntos de depoimentos produzidos por pesquisadores externos.

A História oral, como um método de pesquisa que produz uma fonte especial, tem se revelado um instrumento importante no sentido de possibilitar uma preservação e uma melhor compreensão da memória coletiva e dos processos de construção de identidades de grupos ou indivíduos nas sociedades.

Como já foi visto, as possibilidades de uso da História oral são múltiplas. Poderíamos, portanto, como atividade didática pedagógica, propor o desenvolvimento de um projeto de memórias de bairros, cujo tema seria voltado para o trabalho com a memória e com a História. Para isso, um primeiro ponto seria começar a fazer uma pesquisa sobre a trajetória da localidade escolhida, de maneira a conhecer alguns marcos. A etapa é levantar alguns livros e pesquisar em jornais para se obter referências e alguns eventos marcantes do bairro. Se não for possível encontrar informações disponíveis nesse primeiro levantamento, algumas entrevistas orais preparatórias podem ser realizadas. O importante é possuir informações ou elementos para organizar um projeto e ter uma ideia inicial do que se pretende fazer, realizar uma seleção inicial dos depoentes e definir os objetivos do projeto e os seus resultados. Com essa iniciativa, os alunos não só vão estar se preparando para conhecer melhor seu bairro, mas também aprendendo a fazer um projeto de pesquisa, o que poderá ser útil para qualquer outra disciplina.

Finalizada a tarefa de elaboração do projeto, podemos partir para a preparação do roteiro das entrevistas. É muito importante que os alunos saibam o que pretendem descobrir com esses depoimentos, pelo menos estabelecer um ponto de partida. É claro que as entrevistas sempre oferecem surpresas e essa é uma parte interessante, pois podem nos revelar informações desconhecidas e versões diferentes sobre um mesmo acontecimento.

Os alunos e professores responsáveis pelo projeto devem ficar atentos para que as gravações tenham uma qualidade mínima, que sejam realizadas em locais silenciosos, sem que muitas pessoas falem ao mesmo tempo, ou intervenham na fala dos depoentes com muita frequência, de maneira que ao final o relato registrado seja compreensível. É muito comum que em projetos feitos em comunidades, sem as devidas precauções na hora da gravação, os depoimentos sejam incompreensíveis.

Uma segunda etapa do projeto é o trabalho com os depoimentos. Como isso pode ser feito? As fitas ou CDs gravados podem ser transcritos para o papel e transformados em um texto para leitura ou podem ser apenas ouvidos. O importante é que os participantes do projeto tenham possibilidade de analisar o material que foi coletado. Como podemos fazer isso? Em primeiro lugar, é possível retirar dos depoimentos as informações sobre a trajetória do bairro: datas importantes, eventos, personagens. Mas podemos avançar e procurar captar as diferentes versões das memórias contadas. Logo, vamos ver que surgirão contradições, pontos de vistas divergentes, fatos que são silenciados, ou que são excessivamente destacados. O que podemos fazer diante dessas situações? Refletir sobre elas e, como já dissemos, mostrar concretamente que a memória está sempre em processo de mudança e é seletiva, ou seja, existem coisas que são lembradas e outras que são esquecidas, dependendo da pessoa que fala.

É preciso compreender, portanto, como a memória individual e coletiva funcionam e como existem conflitos de memória, memórias divergentes e, principalmente, como a memória não retrata uma verdade e pode ser um instrumento de pesquisa, além de ser também uma ação política.

Uma terceira etapa do projeto pode ser o desenvolvimento de um texto escrito sobre a história do bairro, no qual os alunos e professores possam articular as informações já obtidas através da pesquisa inicial em outras fontes, inclusive nos livros didáticos utilizados, e as memórias provenientes dos depoimentos.

Outra atividade que pode ser pensada é a preservação dos depoimentos coletados. Seria interessante que a escola reservasse na biblioteca um local para formar um acervo dos projetos em desenvolvimento e de possíveis projetos futuros. Com essa iniciativa, os alunos poderiam refletir sobre a necessidade da preservação do patrimônio cultural do seu bairro e aprender técnicas de organização de um pequeno arquivo.

A realização de um projeto de História oral, como se pode ver, permite o desenvolvimento de várias habilidades: a escolha e a pesquisa de um tema, que pode ser articulado com outras disciplinas; a construção de um roteiro e o aprendizado do diálogo com pessoas de fora da comunidade escolar — os depoentes; a análise do material coletado; a produção de um texto escrito cuja elaboração pode contar com o apoio das disciplinas de Língua Portuguesa e Redação.

Essa experiência também pode estimular o desenvolvimento das noções de memória, patrimônio e História.

Bibliografia sugerida

ALBERTI, Verena. *Manual de História Oral*. 2. ed. Rio de Janeiro: FGV, 2004.

FERREIRA, Marieta de Moraes (Org.). *História Oral e multidisciplinaridade*. Rio de Janeiro: Diadorim Editora, 1994.

LANG, Ana Beatriz. Trabalhando com História Oral: reflexões sobre procedimentos de pesquisa. *Cadernos CERU* (USP), São Paulo, n. 11, p. 123-134, 2000.

MATTOS, Hebe; RIOS, Ana Lugão. *Memórias do cativeiro*: família, trabalho e cidadania no pós-abolição. Rio de Janeiro: Civilização Brasileira, 2005.

________. Os combates da memória: escravidão e liberdade nos arquivos orais de descendentes de escravos brasileiros. *Revista Tempo*, Niterói, v. 3, n. 6, p. 119-138, 1998.

MONTENEGRO, Antônio Torres. *História oral e memória*: a cultura popular revisitada. São Paulo: Contexto, 1992.

Para aprofundar o tema

HISTÓRIA ORAL, POLÍTICA E ÉTICA

O uso de História oral tem se expandido de maneira crescente, mas muitas vezes abusos são praticados, desrespeitando os princípios éticos e as regras de pesquisa.
Como já afirmamos, trabalhar com a História oral e fazer entrevistas com testemunhas dos acontecimentos que convivem conosco coloca muitos desafios. Primeiro é bom lembrar que não podemos divulgar informações sem autorização dos depoentes. Para isso devemos pedir aos nossos entrevistados que assinem uma carta de cessão, que é um documento de autorização para a utilização de entrevistas. Se não for possível obter a carta, deve ser explicado sempre ao entrevistado o uso que será feito de seu depoimento.
Outro ponto importante é que a História oral pode ser usada não somente para entrevistar personagens com quem temos afinidades político-ideológicas, mas também aqueles segmentos que são nossos opositores, ou pessoas às quais temos muitas críticas e discordâncias. Mesmo assim, a pesquisa deve ser conduzida sempre com os mesmos critérios e cuidados de maneira que possa ser feito um trabalho com objetividade.

HISTÓRIA ORAL, MEMÓRIA E ESCRAVIDÃO

Hebe Castro, em seu texto, chama a atenção para o potencial das entrevistas de História oral como um instrumento para captar uma tradição oral. Seus depoentes não vivenciaram a experiência da escravidão, mas através dos relatos é possível captar uma memória preservada através de gerações.

"Ezequiel Inacio tinha 72 anos à época da entrevista concedida à Ana Maria Rios, em 1995. Nasceu na Fazenda Sossego, em Paraíba do Sul, estado do Rio de Janeiro, onde — segundo seu depoimento — foi escravo o seu avô 'por parte de pai', chamado Telemos Inacio (que falava uma língua estranha sempre que não queria ser entendido). Também seu pai — 'já nascido livre' — teria morado na Fazenda do Sossego, antes e depois do fim do cativeiro. [...]

Paulo Vicente Machado nasceu em 1910, filho caçula de Vicente Machado, ex-cativo na 'Fazenda da Presa', em Alegre, no Espírito Santo. Cresceu 'tocando lavoura' com seus pais e seus irmãos, em regime de parceria, na mesma fazenda em que seu pai havia sido escravo. Sua mãe não chegou a ser cativa, pois — segundo seu depoimento a Robson Martins — nascera 'de ventre livre'.

Estes são pequenos resumos dos depoimentos de [...] homens que se identificam como negros e descendentes de escravos, que viveram (pelo menos) a infância 'tocando lavoura' com a família em antigas áreas escravistas do centro-sul do Brasil. Seus depoimentos rememoram com nitidez pai e mãe, avô e avó, bem como traçam com facilidade suas genealogias até o cativeiro. Tomados em conjunto, produzem determinadas representações comuns sobre escravidão e liberdade, História e memória, que assumem estar referidas à trajetória e à tradição familiar. [...] São resumos de entrevistas depositadas no acervo 'Memória do Cativeiro' do Laboratório de História Oral e Iconografia do Departamento de História da Universidade Federal Fluminense (doravante LABHOI-UFF).

[...] A primeira questão que emergiu ao abordá-los [os depoimentos] em conjunto forçou-me, entretanto, a enveredar por outro tipo de investigação. Por que este tipo de trabalho só começou a ser desenvolvido nos últimos vinte anos? [...] Muito se produziu nestes campos sobre o 'negro no Brasil', especialmente desde a década de 30, mas pouco sobre os últimos escravos e a experiência da escravidão e da libertação. [...] Deste modo, a primeira questão que a leitura da transcrição daquelas entrevistas efetivamente formulava relacionava-se às formas como, no Brasil, a História da escravidão e da abolição foram apropriadas como objetos de memória.

[...] Quando se trata do período pós-emancipação, entretanto, tem-se apenas [...] as designações raciais como via de acesso aos ex-escravos, reforçando a associação mais geral entre negritude e escravidão. [...] Foi tendo em vista esta premissa que os pesquisadores [...] foram buscar, num campesinato negro nascido nas primeiras décadas deste século, uma memória familiar da experiência da escravidão e da abolição. Ou seja, o fato da família identificar-se como 'negra' deveria implicar também uma memória familiar da escravidão.

[...] Como desenvolver uma abordagem estrutural sobre o conjunto das entrevistas sem perder de vista a riqueza de subjetividades que caracteriza os projetos de História oral e, principalmente, as tensões entre os indivíduos que a constituíram? Como analisar estas tensões e, portanto, os bias de cada projeto, sem me apropriar indevidamente do trabalho dos pesquisadores que construíram cada um dos acervos analisados?

[...] O primeiro passo metodológico foi tentar definir em termos mais gerais as principais características — em termos de conteúdo analítico e padrão narrativo — que informavam cada um dos conjuntos analisados. Eticamente, busquei não somente ler e citar o conjunto de trabalhos acadêmicos já resultantes da análise daqueles acervos, como explicitar o mais possível o papel autoral que se reconhece aos pesquisadores em cada um dos projetos. Os familiarizados com as discussões específicas à História oral sabem das muitas polêmicas que circundam a questão dos direitos autorais. De qualquer modo, apesar da prática comum de cessão de direitos, a autoria nestes projetos é reconhecida aos entrevistados. Mesmo sendo assim do ponto de vista legal, considero que, do ponto de vista real, apenas a autoria conjunta dá conta do entendimento do documento produzido por este tipo de trabalho.

[...] De forma geral, diferentes significados da escravidão aparecem nos depoimentos arrolados, referidos à abordagem do entrevistador, à história de vida do entrevistado ou ao contexto específico de cada entrevista. Para responder às perguntas dos entrevistadores, os entrevistados frequentemente recorreram a contos populares ou ao que uma vez aprenderam nos livros didáticos, na igreja ou nos sindicatos, bem como às informações veiculadas sobre o tema pelo cinema e pela televisão.

[...] Alguns padrões de referência à escravidão são, apesar disto, incrivelmente similares nos diversos conjuntos de entrevistas analisados. Em todos eles, os entrevistados raramente se utilizam espontaneamente da palavra 'escravo' ou 'escravidão', dando preferência aos termos 'cativo' e 'cativeiro'. Em todos os conjuntos também os depoentes utilizam a noção de 'tempo do cativeiro' como referência mais geral de periodização. A ideia de apresamento e privação de liberdade, coerentemente com estas distinções formais, é a que se destaca no uso específico que os depoentes fazem da palavra cativo, frequentemente situada em oposição aos qualificativos 'ventre livre' e 'brasileiro'.

[...] É extremamente significativo que, nas entrevistas selecionadas, os significados do 'tempo do cativeiro' apareçam definidos principalmente por seu sentido de redução de seres humanos à condição de simples mercadoria por meio da violência. [...] Os castigos físicos também definem essencialmente este tempo, presente nas diversas narrativas de requintes de crueldade, muitas vezes associadas a uma 'memória do feitiço', ou seja, a uma punição do torturador por meio de poderes mágicos do cativo torturado — a morte dos filhos nos casos das sinhás ciumentas, suicídios, doenças incuráveis, perda total da colheita, incêndios etc. — sempre definido como estrangeiro e africano.

[...] As coincidências narrativas privilegiadas neste texto nos falam, portanto, de uma definição de cativeiro como ausência absoluta de direitos e de alternativas personalizadas de rompimento com esta condição através da aquisição de direitos pessoais ou privilégios. Neste contexto, a libertação significou a transformação definitiva daqueles privilégios efetivamente em direitos. [...] Falam-nos, portanto, de um certo significado da cidadania brasileira no Brasil monárquico frequentemente negligenciado pela historiografia. [...] É preciso ter em mente a experiência da escravidão para mensurar o significado dos 'direitos civis' atribuídos aos cidadãos brasileiros no Império e a todos os nascidos no Brasil após a Lei Áurea."

Hebe Mattos. Os combates da memória: escravidão e liberdade nos arquivos orais de dependentes de escravos brasileiros, 1998.

4. História e imagens

No século XIX, com a afirmação da História como disciplina científica e universitária, que possuía um método específico de estudo de textos, os documentos escritos adquiriram um valor especial, em detrimento das fontes visuais e relatos orais. A partir de então, os historiadores concentraram sua atenção no uso desse tipo de fonte para escreverem seus trabalhos, tecendo muitas críticas à subjetividade das fontes orais e relegando a um plano secundário o uso de imagens. Nos últimos anos, o surgimento de novos objetos e temas tem provocado um aumento considerável na incorporação de diferentes fontes para a pesquisa histórica, com a valorização especial das imagens.

Nossa intenção, aqui, é exatamente discutir a importância das imagens para a investigação histórica e suas possibilidades de usos para a compreensão dos mecanismos de construção de projetos de nacionalidades e fortalecimento de laços de identidade nacional. Pinturas, fotografias e esculturas constituem um caminho fundamental para nos ajudar a ler e a compreender a História do país.

No entanto, apreender o significado dessas fontes implica entender que elas não são neutras. Pintores, fotógrafos e escultores selecionam, enquadram, omitem alguns elementos e destacam outros, segundo demandas do presente. Assim, as imagens são construídas para passar uma dada representação, que expressa relações sociais, políticas e ideológicas. Para entendê-las, é sempre necessário compreender o contexto: por quem e por que foram produzidas. Partindo dessa perspectiva, as imagens podem ser entendidas não como uma reprodução fiel do real, do que aconteceu, mas como uma narrativa que pode moldar ou influenciar opiniões em uma dada sociedade. A aceitação desse pressuposto implica afirmar que as imagens não se constituem apenas em uma mera ilustração.

A pesquisa com as imagens nos permite uma melhor compreensão de como esse tipo de documento pode se constituir em elemento fundamental para a construção de projetos nacionais para o Brasil, pois expressam disputas de diferentes ordens e podem tanto exaltar as qualidades e valores da nacionalidade quanto criticar temas importantes da nossa cultura.

Com essa perspectiva, podemos entender quanto é fundamental desvendar o sentido das imagens para nos auxiliar a entender eventos, personagens e conjunturas da nossa História. Algumas imagens da pintura acadêmica no século XIX se tornaram emblemáticas por nos permitir compreender os projetos de nação que se desenhavam naquele momento. As grandes obras dos pintores Pedro Américo e Victor Meirelles expressam representações relativas à afirmação de elementos constitutivos da identidade nacional brasileira.

No campo da fotografia, as possibilidades de uso são também extremamente ricas. Surgida no século XIX, tendo como técnica o daguerreótipo, a fotografia sofreu uma grande evolução, não só do ponto de vista da tecnologia como também dos seus usos, que podem abarcar tanto álbuns familiares ou institucionais comemorativos até as fotos utilizadas nas diferentes mídias da atualidade.

A possibilidade de registro de um personagem ou de um evento, através da fixação de uma imagem, seja de forma predeterminada, seja de instantâneos que rejeitavam a montagem e valorizavam o flagrante em tomadas não posadas, levou muitos a crerem que as imagens reproduziam os acontecimentos tais como aconteceram. Acreditou-se que por meio da fotografia seria aberta a possibilidade de registrar a história com fidedignidade. Os desdobramentos desse argumento veiculado por fotógrafos têm levado muitos a rejeitarem uma reflexão crítica sobre a fotografia e as análises sobre seu significado. No entanto, é preciso estar atento ao fato de que a fotografia não é neutra e traduz sempre um significado, do ponto de vista do fotógrafo ou do ponto de vista da mídia que veicula a imagem.

Assim, os acervos iconográficos, sejam pinturas, monumentos, fotografias, constituem suportes importantes para desvendar projetos, conflitos e valores que nos permitem entender os mecanismos de construção da memória coletiva nacional. Aprender a ler e a interpretar imagens pode nos oferecer caminhos para ensinar História e melhor compreender o mundo em que vivemos.

Bibliografia sugerida

DUBOIS, Philippe. Entrevista concedida a Marieta de Moraes Ferreira e Mônica Kornis à *Revista Estudos Históricos*, n. 34, p. 152-153, 2004.

_______. *O ato fotográfico*. Lisboa: Vega, 1992.

KNAUSS, Paulo. Aproximações disciplinares: História, arte e imagem. *Revista Anos 90*, Porto Alegre, v. 15, n. 28, p. 151-168, dez. 2008.

MAUAD, Ana Maria. O olhar engajado: fotografia contemporânea e as dimensões políticas da cultura visual. *Revista ArtCultura*, Uberlândia, v. 10, p. 31-48, 2008.

_______; KNAUSS, Paulo (Org.). *Revista Tempo*. Rio de Janeiro, n. 14 (Imagem e cultura visual), 7. ed., Rio de Janeiro: 7Letras, 2003.

REVISTA Estudos Históricos, História e Imagem. Rio de Janeiro: CPDOC-FGV, v. 17, n. 34, 2004.

Para aprofundar o tema

A CONSTRUÇÃO DA MEMÓRIA NACIONAL: A PRIMEIRA MISSA NO BRASIL

Victor Meirelles. *Primeira missa no Brasil*, 1860. Óleo sobre tela 268cm X 356cm.
Museu Nacional de Belas Artes, Rio de Janeiro

O uso de imagens no ensino de História é um tema que tem ganhado relevância, mas está longe de ser tratado satisfatoriamente. Por quê?

A primeira razão é que as imagens são quase sempre apresentadas como uma ilustração, e não como uma fonte de pesquisa. O que estamos querendo dizer com isso? Tomemos como exemplo uma tela pintada por Victor Meirelles, pintor brasileiro que produziu muitas obras no século XIX e que retratou a primeira missa no Brasil, acontecida no século XVI.

Essa imagem já se tornou clássica como ilustração nos livros didáticos para os capítulos que narram a chegada de Cabral às terras brasileiras, em 1500. Porém, nesses livros, na maior parte das vezes, não fica explicitado quando o quadro foi produzido, por quem e por que foi feito. A imagem produzida mostra a realização da missa como a concretização da posse, pelos portugueses, do Brasil, com o consentimento dos índios.

Como podemos fazer uma leitura dessa obra? Em primeiro lugar, é necessário mostrar que essa pintura foi produzida no século XIX, por Victor Meirelles, com o objetivo de destacar a importância civilizatória dos portugueses e a integração pacífica dos índios, visão essa que expressa as sensibilidades, princípios e tendências do século XIX. Os ideais contidos na pintura estavam ligados a um projeto das elites do século XIX de fortalecer a ideia de construção de uma nação brasileira, civilizada, pacífica e católica. Assim, essa imagem nos ajuda a entender mais sobre o século XIX do que sobre o século XVI.

Hyacinthe Rigaud. *Luís XIV*, 1701. Óleo sobre tela, 279cm X 190cm. Museu do Louvre, Paris

AS CONSTRUÇÕES DO REI

Luís XIV é também conhecido como o "Rei-Sol". Durante seu reinado, foram produzidas várias pinturas de exaltação, destinadas a passar uma imagem de poder absoluto. Este quadro foi encomendado para ser oferecido a Filipe V, neto de Luís XIV e novo rei da Espanha. Acabou ficando no Palácio de Versalhes. Nele, o rei aparece ainda jovem (embora, na época, Luís XIV estivesse com 63 anos), ornado com os símbolos de majestade e vestido para a sagração.
O rei é representado com o traje da sagração, cerimônia religiosa durante a qual o rei era consagrado. Os atributos são de diferentes naturezas. Sinais do poder político:
- *a coroa, símbolo e lembrança da coroação do imperador Carlos Magno;*

• o cetro, atributo do comando supremo, símbolo de origem militar;
• a espada da França, que assinalava o poder militar e a defesa da Igreja;
• no original, o azul da França e a flor de lis, cor e símbolo da monarquia francesa.

Sinais da nobreza:

• o colar da Ordem do Espírito Santo, ordem da cavalaria reservada aos membros da aristocracia (alta nobreza) e da qual o rei da França era o mestre;
• no original, os saltos vermelhos, detalhe do vestuário que só os nobres estavam autorizados a usar no Antigo Regime.

Sinais religiosos:

• no original, o manto azul forrado de arminho, evocação da veste do Grande Sacerdote no Antigo Testamento;
• no original, as luvas brancas, que tornavam o rei da França equivalente a um bispo. Às vezes também era representada a aliança, que simbolizava a união do rei com seu reino;
• a mão de justiça (apoiada na mesinha) lembrando que só o rei é "fonte de justiça" e simbolizando o perdão dos crimes.

O DESAFIO DE LER IMAGENS

Philippe Dubois, belga, professor da Universidade de Paris III, traz algumas reflexões sobre a interpretação das imagens. Segundo Dubois, a compreensão do contexto em que foi produzida é importante, mas é preciso também estar aberto para captar o que as imagens podem nos dizer para além das informações e perguntas.

"Qual é sua opinião sobre a questão do método para analisar as imagens? A resposta é muito simples: não existe método. Mas, ao dizer isto, permanece a questão: como fazer? Não existe um único método. [...] Mas eu diria que, mais do que um problema de método, é um problema de atitude. As imagens são realidades, e como sempre, é nossa atitude analítica em relação às imagens que determinará a qualidade do trabalho que faremos sobre elas.

Muitas atitudes são possíveis. Mas existem ao menos grandes categorias de atitudes que podemos identificar. Basicamente, uma primeira atitude bastante disseminada é a que toma a imagem como um objeto a serviço de uma interpretação, de uma abordagem histórica, como o lugar da mulher na sociedade francesa dos anos 50, por exemplo. Nesse caso, a imagem é totalmente instrumentalizada, é uma ilustração de algo que existe antes dela e fora dela. Seja para uma abordagem histórica ou sociológica, não importa, esta atitude não me interessa de todo, pois é a instrumentalização da imagem.

Meu ponto de vista é justamente o oposto, de partir da ideia de que a imagem que temos diante de nós é ao mesmo tempo um objeto de cultura e um objeto por natureza. É um objeto de cultura sobre o qual existe um enorme saber e que é preciso dominar este saber para abordar esta imagem. Se estou diante de um quadro do Renascimento, é evidente que não posso compreender minimamente o que está em jogo nesse quadro se não possuo um conhecimento que diga respeito a ele.

Minha posição se opõe às teorias impressionistas, que afirmam que não é necessário conhecer as teorias sobre o Renascimento para apreciar um quadro daquela época. Considero que, em termos de objeto de estudo, conhecer é fundamental.

A imagem como objeto de cultura requer um conhecimento mais ou menos refinado, desenvolvido, e os historiadores estão aí justamente para fornecer muito material a este saber — o campo da História da arte é extraordinário a esse respeito.

[...]

Com o historiador acontece da mesma forma. Um historiador que estuda as imagens dizendo: 'É isto que eu estava procurando, porque esta imagem se inscreve em tal contexto, pertence a tal situação', naturalmente, vai encontrar o que procura, mas não vai encontrar o que não estava procurando. Por isso, é preciso não procurar nada numa imagem para ser capaz de descobrir aquilo em que não estávamos pensando, que não era imaginável *a priori*.

E há exemplos célebres, como uma imagem tomada durante a Segunda Guerra Mundial, em 4 de abril de 1944, uma fotografia feita pelos Aliados em reconhecimento aéreo sobre a cidade de Auschwitz. Eles queriam fotografar as fábricas da IG Farben, e para eles estas imagens continham as fábricas. Todos os analistas das forças americanas e os membros do serviço de informações que analisaram detalhadamente as imagens não viram uma coisa: tinham fotografado também o campo de concentração de Auschwitz, com as câmaras de gás, os fornos crematórios. É incrível! Em 1944 não havia nenhuma imagem, nenhuma prova da existência dos campos. Mesmo com essas fotografias, ninguém viu nada. Por quê? Porque o que se queria com essas imagens era ver as fábricas da IG Farben. Ninguém tinha noção de que ali havia um campo de concentração. Depois viram, mas era muito tarde. Esse exemplo é típico.

O historiador que procura alguma coisa numa imagem vai encontrar o que procura, mas não vai ver o que talvez exista nela. Para que isto aconteça, é preciso basicamente esquecer de procurar aquilo que já se conhece. É preciso deixar a imagem falar, é preciso ter confiança na imagem, entender que ela tem algo a nos dizer, sobre o qual não temos a menor ideia, mas é preciso ao mesmo tempo desconfiar da imagem, porque ela é um artifício, é objeto de manipulação, foi construída, organizada; jamais se pode tomá-la por transparente. Mas esta dupla atitude, de confiar e de desconfiar, me parece essencial."

Philippe Dubois. Entrevista concedida em 2003.

O FALSEAMENTO DAS IMAGENS NA HISTÓRIA

A fotografia pode passar a falsa ideia de ser uma fonte neutra e inquestionável. No entanto, o trabalho com fotografia pressupõe a compreensão do contexto em que foi produzida, bem como as intenções do fotógrafo, uma vez que é apenas um fragmento do real (e não a realidade). Tal como qualquer fonte, a fotografia também seleciona, prioriza ou oculta aspectos, segundo as intenções do autor. Para trabalhar com fotografias é preciso ter em mente que essas imagens são um testemunho visual e material dos fatos, no entanto não são a verdade, pois acessamos às informações contidas por meio do olhar do fotógrafo. O registro da foto acontece em um determinado momento histórico, no qual estão inseridos aspectos sociais, políticos, estéticos e econômicos. Para o trabalho do historiador, todas essas informações são determinantes, sendo igualmente fundamentais no processo de construção do conhecimento histórico em sala de aula. Um exemplo dessa seleção de elementos da fotografia pode ser notado nas representações feitas na União Soviética. A partir dos anos 1930, o país viveu o período de grande repressão política, sobretudo, sob o comando de Joseph Stalin (1878-1953). Os adversários declarados, potenciais ou suspeitos de oposição ao regime, foram duramente perseguidos, ocorrendo assassinatos em massa por todo o país. Entre as vítimas havia muitos líderes e partidários do regime.

As pessoas indesejadas passaram a ser retiradas, também, das fotografias, forjando representações e recortando elementos. As imagens mostram a cúpula do partido comunista em 1926: Nikolai Antipov (1894-1941), Joseph Stalin (1878-1953), Sergei Kirov (1886-1934) e Nikolai Shvernik (1888- 1970) em Leningrado. Com o passar dos anos, os componentes foram desaparecendo um a um, até restar somente a representação de Stalin, retocada numa pintura a óleo.

Imagens da cúpula do Partido Comunista em 1926: Nikolai Antipov, Joseph Stalin, Sergei Kirov e Nikolai Shvernik em Leningrado.
David King Collection, London, UK

Isaak Brodsky. *Retrato de Joseph Stalin*, 1929. Óleo sobre tela.
Coleção particular

5. História e filme

A história do cinema surgiu com a invenção do cinematógrafo, em 1895, um aparelho que filmava e projetava as imagens numa superfície. Desde a sua origem, a palavra filme, de origem inglesa, passou a designar a encenação cinematográfica gravada sobre a película. Inicialmente mudos, a partir do fim da década de 1920 os filmes passaram a contar com o som sincronizado, aumentando o poder de atração do novo meio de comunicação, com a mistura de som e imagem em movimento.

Rapidamente, um novo tipo de mídia conquistava o mundo, adquirindo diferentes formas de utilização, do entretenimento ao documentário, passando pela propaganda política dos governos. Desde o início, a história foi objeto de leitura e de reconstituição. Já em 1898, o câmera polonês Boleslas Matuszewski euforicamente anunciava o valor das "fotografias animadas" como o testemunho verdadeiro e inquestionável da história. Foi com base nessa certeza que Matuszewski defendeu a criação de um depósito de cinematografia histórica, no qual seriam selecionados eventos considerados relevantes da vida pública e nacional.

Essa crença de que o filme de reconstituição histórica, seja ele ficção ou documentário, é a representação do vivido é altamente questionada pelos historiadores. O filme é uma fonte em potencial e, por isso, deve ser objeto de crítica e avaliação. Em primeiro lugar, é preciso ressaltar que todo filme, independentemente do seu gênero (ficção ou documentário, comédia ou drama), é produto direto do tempo em que foi feito. Esse elemento é fundamental para qualquer análise histórica.

Nos chamados "filmes históricos", temos um problema específico, porque eles podem misturar livremente realidade e ficção. Por ser uma expressão artística, o filme pode se valer da imaginação para produzir "sua" história. O filme pode reafirmar clichês, desconstruir ou criar novas memórias, mesclando realidade e ficção sem grandes transtornos. Assim, o filme seleciona, exulta ou esconde elementos do passado sem precisar justificar-se em termos de comprovação. Com base nessas várias especificidades, o filme pode ser objeto de reflexão historiográfica? Ou serve apenas para recuperar certos elementos, modos de vida, de forma a ilustrar uma dada experiência histórica?

Se levarmos em consideração que não há História neutra, é possível afirmar que nenhuma tentativa de reconstituição do vivido serve apenas como ilustração. O filme é um agente histórico na medida em que interfere na realidade e reelabora o passado conforme as necessidades do seu presente. Quando se trata de uma reconstituição histórica, mesmo que as informações contidas sejam contestáveis, os filmes continuam a ser fontes importantes para se avaliar as visões de mundo veiculadas sobre os temas abordados. Assim, como mantém uma ligação indissolúvel com seu momento de criação, o filme revela interesses, jogos de poder e intenções do seu momento de elaboração.

Por exemplo, o filme *O descobrimento do Brasil*, de Humberto Mauro, feito em 1937, possui a marca do momento em que foi produzido, embora se propusesse a detalhar, "tal como havia acontecido", a chegada dos portugueses até a realização da primeira missa. A utilidade do cinema na educação das massas foi rapidamente percebida por Getúlio Vargas (1930-1945), tornando-se um recurso a mais para veicular o nacionalismo e o ideal de sociedade que se queria para o momento. Humberto Mauro fez o roteiro com base na carta de Pero Vaz de Caminha e no quadro *A primeira missa no Brasil*, de 1861, do pintor Victor Meirelles. Teve o patrocínio do Instituto do Cacau da Bahia e a colaboração do Instituto Nacional do Cinema Educativo (Ince), órgão do Ministério da Educação. Em *O descobrimento do Brasil*, o encontro entre portugueses e indígenas confirmava uma visão idealizada, sem conflitos, unida em torno do catolicismo, bem aos moldes corporativos que o Estado Novo propunha. Por isso, para analisá-lo, é preciso levar em conta que todo "filme histórico" é sempre um misto de história e do momento em que foi feito.

Os filmes podem passar a ideia de uma reprodução fiel da realidade histórica, mas nada é mais enganador, porque eles não são evidentes em si mesmos, mas uma construção que modifica a realidade por meio da articulação de imagens, palavras, sons e movimentos. Os elementos relacionados à produção (iluminação, enquadramento, movimentos de câmera, cores) fazem parte da linguagem fílmica, que também transforma e interpreta a realidade. Os documentários, com uma pretensão de descrever mais fielmente a realidade, devem igualmente ser objeto de crítica, porque, como qualquer filme, selecionam, privilegiam e negligenciam conforme as preferências do seu realizador.

O filme, compreendido como um objeto de análise, traz consigo aspectos que ultrapassam os objetivos de quem o criou, porque sua produção está sempre inserida numa realidade histórica. Sua utilização como recurso didático pressupõe um exercício crítico, no qual professores e alunos deverão tornar-se aptos a ler. Considerando esses elementos, o filme pode ser um poderoso aliado para discussão de comportamentos, visões de mundo, valores e identidades de uma sociedade em um dado momento histórico.

Bibliografia sugerida

ABUD, Kátia M. A construção de uma didática da história: algumas ideias sobre a utilização de filmes no ensino. *História*, São Paulo, 2003.

AZEVEDO, Francisca Nogueira de. Carlota Joaquina na historiografia latino-americana. *Anais Eletrônicos do VI Encontro da ANPHLAC*, Maringá, 2004.

DARNTON, Robert. *Cinema*: Danton e o duplo sentido. O beijo de Lamourette. São Paulo: Companhia das Letras, 1990.

DUARTE, Regina H. et al. Imagens do Brasil: o cinema nacional e o tema da independência. Lócus, *Revista de História*, Juiz de Fora, 2000.

FERRO, Marc. *Cinema e História*. Rio de Janeiro: Paz e Terra, 1992.

KORNIS, Mônica. História e cinema: um debate metodológico. *Revista Estudos Históricos*, Rio de Janeiro: CPDOC-FGV, v. 5, n. 10, p. 237-250, 1992.

SCHVARZMAN, Sheila. As encenações da História. *História*, São Paulo, 2003.

SOARES, Mariza; FERREIRA, Jorge. *A História vai ao cinema*. Rio de Janeiro: Record, 2001.

TORGAL, Luis apud AZEVEDO, Francisca L. Nogueira de. Carlota Joaquina, a herdeira do Império Espanhol na América, *Revista Estudos Históricos*, Rio de Janeiro: CPDOCFGV, n. 20, 1997.

VILLALTA, Luiz C. Carlota Joaquina, princesa do Brazil: entre a História e a ficção, um "romance" crítico do conhecimento histórico. *Revista da USP*, São Paulo, v. 62, 2004.

Para aprofundar o tema

AS VISÕES SOBRE CARLOTA JOAQUINA

Tratando-se de filmes que abordam temas e personagens históricos, é fácil encontrar anacronismos e caricaturas que simplificam, mascaram, silenciam. Não se trata de dizer que os filmes são verdade ou mentira, mas cabe ao leitor detectar o jogo de forças que agem na sua produção. Um bom exemplo seria o filme Carlota Joaquina, princesa do Brazil, *de 1995, estrelado pelos atores Marieta Severo e Marco Nanini e dirigido por Carla Camurati. O tom irreverente e jocoso mistura história e ficção, reforçando estereótipos sobre personagens históricos. A figura de Carlota aparece associada à devassidão e antipatia, enquanto Dom João VI é retratado como um rei fraco e sem autoridade. No entanto, a produção historiográfica recente tem procurado redimensionar a importância dos personagens envolvidos.*

Cartaz de divulgação do filme *Carlota Joaquina, princesa do Brazil*, 1995.
Arquivo Particular

A NECESSIDADE DE REVER A HISTÓRIA

Luis Torgal é um historiador português. Neste trecho, ele salienta a necessidade de rever a figura estereotipada de Carlota Joaquina.

"Carlota Joaquina de Bourbon (1775-1830), irmã de Fernando VII e mulher de D. João VI [...], é imagem da rainha com alguns atributos inerentes ao estado imperial — traje, manto e coroa —, o que elucida sobre o papel político que quis ter e que ainda hoje não se conhece na totalidade, pois as análises disponíveis sob esta personagem da história portuguesa apenas transmitem uma lenda negra ou anedótica ou então uma imagem recuperada pela historiografia e ideologia integralista."

Luis Torgal, 1992.

OUTRAS VISÕES SOBRE CARLOTA JOAQUINA

Nos seus trabalhos, Francisca de Azevedo faz uma reflexão sobre o papel de Carlota Joaquina na História. Por meio de uma intensa pesquisa nos arquivos da época, a historiadora revê a importância de Carlota: uma mulher de grande atuação política e que foi alvo de várias visões negativas por parte de memorialistas e historiadores.

"Carlota Joaquina de Bourbon e Bragança, mulher de D. João VI, é talvez a mais desconhecida e contraditória personagem de nossa História. Apesar de popularizada no filme *Carlota Joaquina, Princesa do Brazil*, dirigido por Carla Camurati em 1995, e no seriado *Nos Quintos do Inferno*, da TV Globo, os autores das duas produções reproduzem imagens estereotipadas da 'Princesa do Brasil' forjadas pela produção historiográfica luso-brasileira, que sem dúvida é responsável pela construção da memória coletiva da personagem.

O historiador Marc Bloch ressalta que 'para que um erro de uma testemunha se torne o de muitos homens, para que uma má observação se transforme num falso rumor, é preciso também que o estado da sociedade favoreça tal difusão'. Seguindo as trilhas do historiador torna-se imprescindível inserir Carlota Joaquina em seu tempo a fim de observar as referências culturais e éticas que marcam o Antigo Regime, como também o tempo histórico da produção de sua memória."

AS RECONSTITUIÇÕES DA HISTÓRIA

O filme O descobrimento do Brasil, *de Humberto Mauro, foi produzido em 1937. Nele, vê-se claramente a inspiração da obra A primeira missa no Brasil, de 1861, do pintor Victor Meirelles. Embora pretendesse fornecer uma visão real dos acontecimentos, no filme* O descobrimento do Brasil *o encontro entre portugueses e indígenas confirma uma visão idealizada, sem conflitos, em torno do catolicismo, bem aos moldes corporativos que o Estado Novo propunha.*

Humberto Mauro. *O descobrimento do Brasil*, 1937.
Cinemateca do Museu de Arte Moderna, Rio de Janeiro

6. História e internet

O advento do computador e as possibilidades abertas a partir de sua popularização foram de grande impacto nas populações mundiais, sobretudo nas últimas décadas. As formas de comunicação, as transações monetárias, os relacionamentos pessoais e os hábitos em geral passaram por transformações tão profundas que é possível falar numa virada cultural.

Nos dias de hoje, viver sem computador parece uma coisa impossível, sobretudo nos grandes centros urbanos. Rapidamente, as informações tornaram-se digitais e os antigos suportes, como livros, revistas, jornais, passaram a ter como concorrente a World Wide Web, ou a rede mundial de computadores, que une os quatro cantos do mundo. Uma nova forma de leitura e de distribuição das informações popularizou-se rapidamente, implicando também novas maneiras de lidar com o conhecimento.

Os primeiros projetos de comunicação de dados utilizando computadores surgiram ao longo dos anos 1950, durante a Guerra Fria. Mas foi a partir dos anos 1990 que a internet começou a se popularizar tomando dimensões globais. A possibilidade aberta pela expansão dos computadores pessoais foi, ao mesmo tempo, motivação e causa do crescimento da rede. Rapidamente, as informações das mais diversas naturezas e a comunicação entre as pessoas foram afetadas por uma nova maneira de se relacionar com o mundo. A comunicação global passou a permitir a troca de dados numa rapidez nunca antes vista.

A paisagem de nossa época está tão cheia de tecnologia que a sua onipresença parece ser um dado natural. Isso é mais espantoso se percebermos que toda essa transformação é muito recente e rápida. É difícil encontrar alguém que não tenha pelo menos ouvido falar em termos como e-mail, site, blog.

A História não ficou de fora desse processo de informatização das últimas décadas. Os computadores foram muito úteis às pesquisas quantitativas, como a demografia histórica. Por meio deles, tornou-se possível manipular um grande número de fontes, sistematizá-las em bancos de dados e, a partir disso, produzir gráficos, tabelas, percentuais que passaram a se constituir numa metodologia a mais para as interpretações historiográficas.

Os computadores revelavam-se ferramentas úteis ao historiador. Por meio deles, tornou-se mais fácil armazenar dados, quantificar, compor gráficos e utilizar processadores de texto no lugar das máquinas de escrever. A rede mundial de computadores, por sua vez, passou a ser usada para troca de e-mails e buscas em catálogos de arquivos e bibliotecas. Em resumo, o computador passou a possibilitar a maior eficácia dos procedimentos de pesquisa dos historiadores.

Essa popularização do computador andou junto com a popularização da informação. Professores, alunos, historiadores ou apenas interessados começaram a acessar a rede de computadores para obter dados sobre os mais diferentes assuntos, inclusive História. A disponibilização do conteúdo de História na internet passou a ter várias possibilidades de uso, porque podem variar de artigos e livros em formato digital, feitos por historiadores profissionais, até textos sem maior preocupação historiográfica e que mesclam opiniões e memória, num misto difícil de ser diferenciado pelo leitor comum.

Assim, a História se beneficia grandemente das possibilidades tecnológicas: desde a digitalização e disponibilização de fontes que durante muito tempo ficavam acessíveis a um pequeno grupo de pessoas, passando pela troca rápida de informações e de possibilidades de discussão em termos globais, até o acesso on-line de várias bibliotecas pelo mundo. Por outro lado, a internet também é responsável, muitas vezes, por multiplicar as informações sem compromisso metodológico, vulgarizar um tipo de memória sobre o passado baseada em identidades coletivas. A rede está repleta de sites com informações históricas questionáveis, blogs que perpetuam memórias, distorcem informações. Nesse sentido, o estudo do conteúdo disponível na internet também pode oferecer amplas possibilidades para a discussão da memória coletiva e da recriação de identidades virtuais.

O desafio diante dessas múltiplas possibilidades de uso não parece ser a interdição da utilização. Pelo contrário, a internet revela-se cada vez mais um elemento incontornável na vida das pessoas. O ensino da História pode se beneficiar na medida em que capacitar alunos e professores a selecionar e a distinguir as fontes de onde foram extraídas suas informações e, assim, fazer com que a internet se constitua num recurso didático e pedagógico a mais, na medida em que fornece, com uma rapidez inigualável, várias possibilidades de leitura. Cabe ao leitor tornar-se apto para diferenciar a qualidade e a relevância das informações disponibilizadas.

Bibliografia sugerida

CASTELLS, Manuel. *A galáxia da internet* — Reflexões sobre a internet, os negócios e a sociedade. Rio de Janeiro: Jorge Zahar, 2003.

CHARTIER, Roger. *A aventura do livro* — Do leitor ao navegador. São Paulo: Unesp/ Imprensa Oficial, 1999.

FIGUEIREDO, Luciano. História e informática: o uso do computador. In: CARDOSO, Ciro Flamarion; VAINFAS, Ronaldo (Org.). *Domínios da História*: Ensaios de teoria e metodologia. Rio de Janeiro: Campus, 1997. p. 419-439.

LÉVY, Pierre. *As tecnologias da inteligência* — O futuro do pensamento na era da informática. Rio de Janeiro: Editora 34, 1993.

SCHITTINE, Denise. *Blog*: comunicação e escrita íntima na internet. Rio de Janeiro: Civilização Brasileira, 2004.

Para aprofundar o tema

O COMPUTADOR NA ESCOLA

A partir dos anos 1990, a utilização do computador pessoal e da internet ganhou um espaço cada vez maior, tomando dimensões globais. Diferentes tipos de informação passaram a ser transmitidas em segundos. O uso dos computadores e da internet pode ser extremamente benéfico a alunos e professores. O grande desafio, no entanto, para qualquer leitor continua sendo o exercício de diferenciação e de avaliação das várias informações disponibilizadas por esse meio.

Universitários utilizando computadores, Inglaterra, 2006.
Giles Barnard/Imagestate Impact/Imageplus

A BIBLIOTECA DIGITAL MUNDIAL

Com o advento da internet, várias instituições (bibliotecas, universidades, arquivos, jornais) passaram a ter um site no qual disponibilizam acervos para consulta. No Brasil, é possível citar, por exemplo, o portal da Biblioteca Nacional (<www.bn.br>), que disponibiliza na rede manuscritos, mapas, material iconográfico e periódicos que fazem parte do seu acervo. Em 2007, foi lançada, pela Unesco e pela Biblioteca do Congresso dos Estados Unidos (<www.loc.gov/index.html>), a World Digital Library (Biblioteca Digital Mundial — <www.wdl.org/pt/>), que tem o objetivo de digitalizar e disponibilizar gratuitamente na rede um vasto material de bibliotecas do mundo inteiro. O site funciona nos idiomas árabe, chinês, inglês, francês, português, russo e espanhol, mas possui material em outros idiomas.

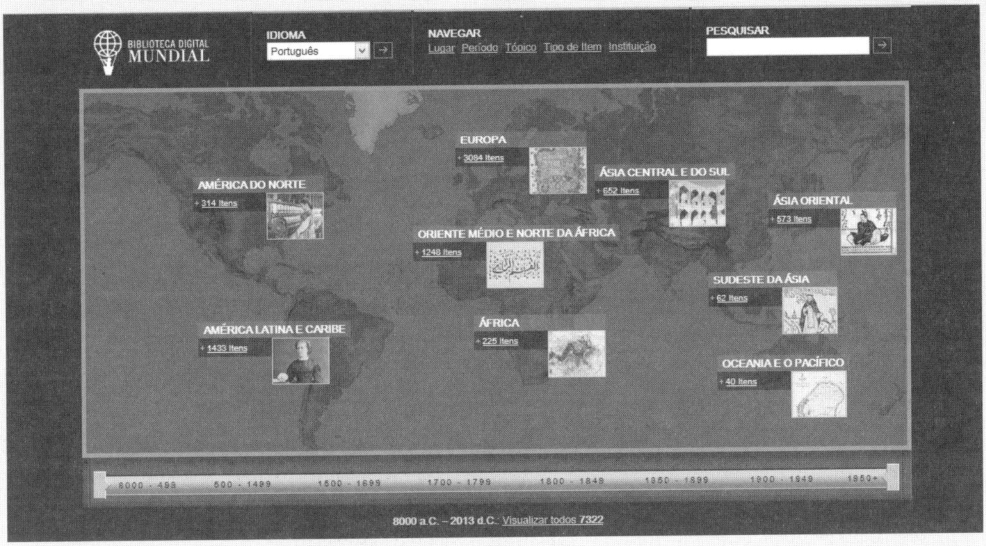

Portal do site da Biblioteca Digital Mundial. Disponível em: <www.wdl.org/pt/>. Acesso em: out. 2009.

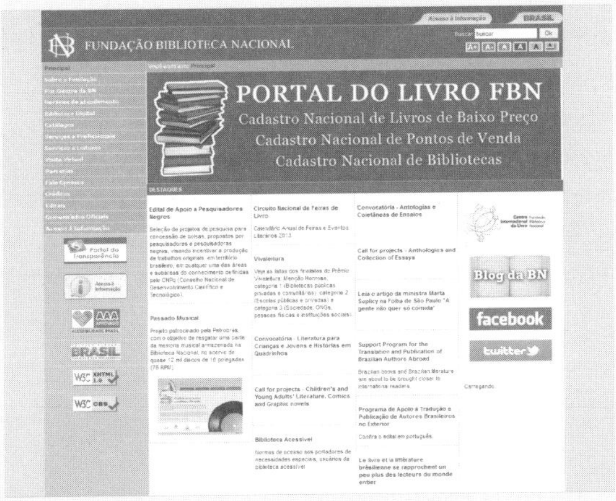

Portal do site da Biblioteca Nacional. Disponível em: <www.bn.br>. Acesso em: out. 2009.

Bibliografia geral

ABREU, Marcelo Santos de. As comemorações da Revolução Constitucionalista de 1932: representação do passado e construção social do espaço regional (São Paulo, 1934 e 1955). *Revista Estudos Históricos*, Rio de Janeiro: CPDOC-FGV, n. 40, jul./dez. 2007.

ABUD, Kátia M. A construção de uma Didática da História: algumas ideias sobre a utilização de filmes no ensino. *História*, São Paulo, 2003.

ALBERTI, Verena. *Manual de História oral*. 2. ed. Rio de Janeiro: FGV, 2004.

________. *O fascínio do vivido, ou o que atrai na História oral*. Rio de Janeiro: CPDOC-FGV, 2003.

AMADO, Janaína; FERREIRA, Marieta de Moraes (Org.). *Usos e abusos da História oral*. Rio de Janeiro: FGV, 2006.

BACZKO, Bronislaw. Imaginação social. In: ROMANO, Ruggiero (Dir.). *Enciclopédia Einaudi*: Antrophos — Homem. Lisboa: Imprensa Nacional/Casa da Moeda, 1985, v. 5.

BARTH, Fredrik. A análise da cultura nas sociedades complexas. In: LASK, Tomke (Org.). *O guru, o iniciador e outras variações antropológicas*. Rio de Janeiro: Contra-Capa, 2000.

BERNSTEIN, Serge. A cultura política. In: RIOUX, Jean-Pierre; SIRINELLI, Jean-François (Org.). *Para uma História cultural*. Lisboa: Editorial Estampa, 1998.

BLOCH, Marc. *Apologia da História* – ou o ofício do historiador [1941-42]. Rio de Janeiro: Jorge Zahar, 2001.

________. *Os reis taumaturgos*: o caráter sobrenatural do poder régio, França e Inglaterra. Tradução Julia Mainardi. São Paulo: Companhia das Letras, 1993.

BORGES, Vavy Pacheco. *O que é História*. 2. ed. São Paulo: Brasiliense, 1993.

BOURDÉ, Guy; MARTIN, Hervé. *As escolas históricas*. Lisboa: Europa-América, 2000.

BRAUDEL, Fernand. A longa duração. *Escritos sobre a História*. São Paulo: Perspectiva, 1992.

BRITES, Olga; PEIXOTO, Maria do Rosário Cunha. A carta de Pero Vaz de Caminha: leituras. *Revista Projeto História* — Sentidos da comemoração, São Paulo: PULSP, n. 20, abr. 2000.

BURKE, Peter. *A escola dos* Annales *1929-1989*: a revolução francesa da historiografia. Tradução Nilo Odália. São Paulo: Unesp, 1991.

________. *Testemunha ocular*: História e imagem. Bauru: Edusc, 2004.

CAIRE-JABINET, Marie-Paule. *Introdução à historiografia*. Tradução Laureano Pelegrin. Bauru: Edusc, 2003.

CARDOSO, Ciro Flamarion; VAINFAS, Ronaldo (Org.). *Domínios da História*: ensaios de teoria e metodologia. Rio de Janeiro: Campus, 1997.

________. *Ensaios racionalistas*. Rio de Janeiro: Campus, 1988.

________. *Narrativa, sentido, História*. Campinas: Papirus, 1997.

________. *O tempo das ciências naturais e o tempo da História*. Uma introdução à História. São Paulo: Brasiliense, 1981.

CARR, Edward Hallet. Que é História? 3. ed. São Paulo: Paz e Terra, 1996.

CASTELLS, Manuel. *A galáxia da internet* — reflexões sobre a internet, os negócios e a sociedade. Rio de Janeiro: Jorge Zahar, 2003.

CASTRO, Celso; FERREIRA, Marieta de Moraes; OLIVEIRA, Lúcia Lippi (Org.). *Conversando com*... Rio de Janeiro: FGV, 2003.

CERTEAU, Michel de. *A escrita da História*. 2. ed. Tradução Maria de Lourdes de Menezes. Rio de Janeiro: Forense Universitária, 2002.

________. *A invenção do cotidiano*: artes de fazer. 9. ed. Petrópolis: Vozes, 2003.

CHARTIER, Roger. *A aventura do livro* — do leitor ao navegador. São Paulo: Unesp/Imprensa Oficial, 1999.

________. *A História cultural*: entre práticas e representações. Tradução Maria Manuela Galhardo. Rio de Janeiro: Bertrand Brasil, 1990.

________. A História hoje — dúvidas, desafios, propostas. *Revista Estudos Históricos*, Rio de Janeiro: CPDOC-FGV, v. 7, n. 13, 1994.

CHAUNU, Pierre. *A História como Ciência Social*: a duração, o espaço e o homem na época moderna. Rio de Janeiro: Jorge Zahar, 1976.

CHESNEAUX, Jean. *Devemos fazer tábula rasa do passado?* São Paulo: Ática, 1995.

COLLINGWOOD, Robin. *A ideia de História*. Lisboa: Presença, 1981.

COSTA, Célia. O arquivo público do Império: legado absolutista na construção da nacionalidade. *Revista Estudos Históricos*, Rio de Janeiro: CPDOC-FGV, v. 14, n. 26, 2000.

DARNTON, Robert. Cinema: Danton e o duplo sentido. In: *O beijo de Lamourette*. São Paulo: Companhia das Letras, 1990.

DAVIS, Natalie Zemon. *O retorno de Martin Guerre*. São Paulo: Paz e Terra, 1987.

DOSSE, François. A História em migalhas: dos *Annales* à Nova História. Bauru: Edusc, 2003.

DUARTE, Regina H. et al. Imagens do Brasil: o cinema nacional e o tema da independência. *Lócus: Revista de História*, Juiz de Fora: UFJF, 2000.

DUBOIS, Philippe. *O ato fotográfico*. Lisboa: Vega, 1992.

DUBY, Georges. *A História continua*. Rio de Janeiro: Jorge Zahar, 1993.

ELIADE, Mircéa. *Mito e realidade*. 6. ed. São Paulo: Perspectiva, 2002.

ELIAS, Norbert. *Sobre o tempo*. Tradução Vera Ribeiro. Rio de Janeiro: Jorge Zahar, 1998.

FALCON, Francisco. A identidade do historiador. *Revista Estudos Históricos*, Rio de Janeiro: CPDOC-FGV, n. 17, 1996.

________. História e poder. In: CARDOSO, Ciro Flamarion; VAINFAS, Ronaldo (Org.). *Domínios da História*: ensaios de teoria e metodologia. Rio de Janeiro: Campus, 1997.

________. História e representação. In: CARDOSO, Ciro F.; MALERBA, Jurandir (Org.). *Representações*: contribuições a um debate transdisciplinar. Campinas: Papirus, 2000.

FARIA, Sheila. História da família e demografia histórica. In: CARDOSO, Ciro Flamarion; VAINFAS, Ronaldo (Org.). *Domínios da História*: ensaios de teoria e metodologia. Rio de Janeiro: Campus, 1997.

FEBVRE, Lucien. *Combates pela História*. 3. ed. Lisboa: Presença, 1989.

FERREIRA, Marieta de Moraes; FORTES, Alexandre. Memórias do PT: as vozes de seus construtores. In: FICO, Carlos; FERREIRA, Marieta de Moraes et al. (Org.). *Ditadura e Democracia na América Latina*: balanço histórico e perspectivas. Rio de Janeiro: FGV, 2008. p. 294-296.

________. (Coord.). *Entre-vistas*: abordagens e usos da História oral. Rio de Janeiro: FGV, 1998.

________. (Org.). *História oral e multidisciplinaridade*. Rio de Janeiro: Diadorim Editora, 1994.

________. História do tempo presente: Desafios. In: *Cultura Vozes*, n. 3, v. 94, Petrópolis: Editora Vozes, 2000.

________. História, tempo presente e História oral. *Topoi: Revista de História*, Rio de Janeiro, n. 5, 2002.

FERRO, Marc. *Cinema e História*. Rio de Janeiro: Paz e Terra, 1992.

FIGUEIREDO, Luciano. História e informática: o uso do computador. In: CARDOSO, Ciro Flamarion; VAINFAS, Ronaldo (Org.). *Domínios da História*. Ensaios de teoria e metodologia. Rio de Janeiro: Campus, 1997.

FONSECA, Thais Nivia de Lima e. *História & ensino de História*. Belo Horizonte: Autêntica, 2003.

FORQUIN, Jean-Claude. *Escola e cultura*: as bases sociais e epistemológicas do conhecimento escolar. Tradução de Guacira Lopes Louro. Porto Alegre: Art Med, 1993.

FOUCAULT, Michel. *Microfísica do poder*. 26. ed. Rio de Janeiro: Graal, 2008.

FRAGOSO, João Luís; FLORENTINO, Manolo. História econômica. In: CARDOSO, Ciro; VAINFAS, Ronaldo (Org.). *Domínios da História*. Rio de Janeiro: Campus, 1997.

FREITAS, Marcos Cezar de. *Historiografia brasileira em perspectiva*. São Paulo: Contexto, 1998.

FURET, François. *A oficina da História*. Lisboa: Gradiva, 1989.

GEERTZ, Clifford. *A interpretação das culturas*. Rio de Janeiro: Guanabara, 1989.

GINZBURG, Carlo. *A Micro-História e outros ensaios*. Rio de Janeiro: Bertrand Brasil, 1989.

________. *Apontar e citar*. A verdade da História. In: Revista de História da Unicamp. (Dossiê História-Narrativa.) Campinas, n. 2/3, 1991.

________. *O queijo e os vermes*. São Paulo: Companhia das Letras, 2006.

________. *Relações de força* — História, retórica e prova. Tradução Jônatas Batista Neto. São Paulo: Companhia das Letras, 2002.

________. *Sinais*: raízes de um paradigma indiciário. Mitos, emblemas, sinais – Morfologia e História. São Paulo: Companhia das Letras, 1990.

GUAZELLI, César. et al. *Questões de teoria e metodologia da História*. Porto Alegre: UFRGS, 2000.

GUIMARÃES, Manoel Luiz Salgado. Nação e civilização nos trópicos: o Instituto Histórico e Geográfico Brasileiro e o Projeto de uma História Nacional. *Estudos Históricos*, Rio de Janeiro: CPDOC-FGV, n. 1, 1988.

________. Escrever a História, domesticar o passado. In: LOPES, Antonio Herculano; VELLOSO, Monica Pimenta; PESAVENTO, Sandra Jatahy (Org.). *História e linguagens*: texto, imagem, oralidade e representações. Rio de Janeiro: 7Letras, 2006.

HALBWACHS, Maurice. *A memória coletiva*. São Paulo: Centauro, 2004.

HAMILTON, Paula; FRISCH, Michael; THOMSON, Alistair. Os debates sobre memória e História: alguns aspectos internacionais. In: AMADO, Janaína; FERREIRA, Marieta de Moraes (Org.). *Usos e abusos da História oral*. Rio de Janeiro: FGV, 2006.

HARTOG, François. *O espelho de Heródoto*: ensaio sobre a representação do outro. Belo Horizonte: UFMG, 1999.

________. *O século XIX e a História*: o caso Fustel de Coulanges. Rio de Janeiro: UFRJ, 2003.

HERÓDOTO. *Histórias*. Livro I. Tradução portuguesa de José Ribeiro Ferreira e Maria de Fátima Silva. Lisboa: Edições 70, 1994.

________. *História*. Lisboa: Edições 70, 2007. (Livros I, III, IV, V, VI e VIII).

HEYMANN, Luciana Quillet. O devoir de mémoire na França contemporânea: entre memória, História, legislação e direitos. In: GOMES, Ângela de Castro. *Direitos e cidadania*. Rio de Janeiro: FGV, 2007.

HILL, Bridget; HILL, Christopher. Entrevista concedida a Ângela Carrato, Diário do Comércio, 15 abr. 1993. *Varia Historia*, Belo Horizonte, n. 14, set. 1995.

HOBSBAWM, Eric. *Sobre História*. Tradução Cid Knipel Moreira. São Paulo: Companhia das Letras, 1998.

HOMERO. *Ilíada*. Tradução Haroldo de Campos. São Paulo: Arx, 2003. 2 v. Bilíngue.

________. *Odisseia*. Tradução Carlos Alberto Nunes. Rio de Janeiro: Ediouro, 1997.

HUMBOLDT, Wilhelm von. Sobre a tarefa do historiador. In: *Anima*: História, teoria e cultura, ano 1, n. 2, Rio de Janeiro, PUC-Rio/Casa da Imagem, 2001.

HUYSSEN, Andreas. *Seduzidos pela memória*. Rio de Janeiro: Aeroplano, 2000.

KNAUSS, Paulo. O desafio de fazer História com imagens: arte e cultura visual. *Revista ArtCultura*, Uberlândia, v. 8, n. 12, jan./jun. 2006.

________. Aproximações disciplinares: História, arte e imagem. *Revista Anos 90*, Porto Alegre, v. 15, n. 28, p. 151-168, dez. 2008.

KORNIS, Mônica. História e cinema: um debate metodológico. *Revista Estudos Históricos*, Rio de Janeiro: CPDOC-FGV, v. 5, n. 10, 1992.

KOSELLECK, Reinhart. *Crítica e crise*. Tradução Luciana Villas-Boas Castelo-Branco. Rio de Janeiro: UERJ/Contraponto, 1999.

________. *Futuro Passado*. Contribuição à semântica dos tempos históricos. Tradução Wilma Patrícia Mass e Carlos Alemeida Pereira; rev. César Benjamin. Rio de Janeiro: Contraponto, PUC-Rio, 2006.

________. *historia/Historia*. Madrid: Mínima Trotta, 2004.

LADURIE, Emanuel Le Roy. *Montaillou*: povoado occitânico de 1294 a 1324. São Paulo: Companhia das Letras, 1997.

LANG, Ana Beatriz. Trabalhando com História oral: reflexões sobre procedimentos de pesquisa. *Cadernos CERU* (USP), São Paulo, n. 11, 2000.

LANGLOIS, Charles Vitor; SEIGNOBOS, Charles. *Introdução aos estudos históricos*. Tradução Laerte de Almeida Morais. São Paulo: Renascença, 1946.

LE GOFF, Jacques; NORA, Pierre (Dir.). *História*. 3. ed. Tradução Terezinha Marinho. Rio de Janeiro: Francisco Alves, v. 3, 1988, (v. 1. Novos problemas; v. 2. Novas abordagens; v. 3. Novos objetos)

________. *A História Nova*. 6. ed. São Paulo: Martins Fontes, 2005.

________. História. In: *Enciclopédia Einaudi*: Memória-História. Tradução R. P. Cabral. Lisboa: Imprensa Nacional/Casa da Moeda, 1984. v. 1.

________. Memória. In: *História e memória*. Campinas: Unicamp, 1994.

________. Documento/Monumento. In: *Enciclopédia Einaudi*: Memória-História. Lisboa: Imprensa Nacional/Casa da Moeda, 1984. v. 1.

LEVI, Giovanni. *A herança imaterial*: trajetória de um exorcista no Piemonte no século XVII. Rio de Janeiro: Civilização Brasileira, 2000.

LÉVY, Pierre. *As tecnologias da inteligência* — O futuro do pensamento na era da informática. Rio de janeiro: Editora 34, 1993.

MALERBA, Jurandir (Org.). *A História escrita* — Teoria e História da historiografia. São Paulo: Contexto, 2006.

MARCÍLIO, Maria Luíza. Os registros paroquiais e a História do Brasil. *Revista Varia Historia*, Belo Horizonte, n. 31, jan. 2004.

MATTOS, Hebe; RIOS, Ana Lugão. *Memórias do cativeiro*: família, trabalho e cidadania no pós-abolição. Rio de Janeiro: Civilização Brasileira, 2005.

MATTOS, Ilmar Rohloff. (Org.). *Histórias do ensino da História no Brasil*. Rio de Janeiro: Access, 1999.

MAUAD, Ana Maria. História e imagem: o exemplo da fotografia e do cinema. In: CARDOSO, Ciro Flamarion; VAINFAS, Ronaldo (Org.). *Domínios da História*: ensaios de teoria e metodologia. Rio de Janeiro: Campus, 1997.

________. O olhar engajado: fotografia contemporânea e as dimensões políticas da cultura visual. *ArtCultura*, Uberlândia, 2008 v. 10.

________; KNAUSS, Paulo (Org.). *Tempo*. Rio de Janeiro, n. 14 (Imagem e cultura visual), 7. ed. Rio de Janeiro: 7Letras, 2003.

MESQUITA, Eni de; SILVEIRA, Ismênia. *História & documento e metodologia de pesquisa*. Belo Horizonte: Autêntica, 2007.

MONTEIRO, Ana Maria F. da C. Ensino de História e História cultural: diálogos possíveis. In: SOIHET, R.; BICALHO, M. F. B.; GOUVÊA, M. F. S. (Org.). *Culturas políticas* — Ensaios de História cultural, História política e ensino de História. Rio de Janeiro: Faperj/Mauad, 2005.

________; GASPARELLO, Arlette M.; MAGALHÃES, Marcelo (Org.). Ensino de História: sujeitos, saberes e práticas. Rio de Janeiro: Mauad X, 2007.

MONTENEGRO, Antônio Torres. *História oral e memória*: a cultura popular revisitada. São Paulo: Contexto, 1992.

NORA, Pierre. Entre a memória e a História: a problemática dos lugares. *Projeto História*, São Paulo, PUC, n. 10, dez. 1993.

NOVAES, Adauto (Org.). *Tempo e História*. São Paulo: Companhia das Letras, 1992.

PAIVA, Eduardo França. *História & Imagens*. Belo Horizonte: Autêntica, 2002.

PINSKY, Carla Bassanezi (Org.). *Fontes históricas*. São Paulo: Contexto, 2005.

POLLAK, Michael. Memória, esquecimento, silêncio. *Revista Estudos Históricos*, Rio de Janeiro: CPDOC-FGV, v. 2, n. 3, 1989.

PROST, Antoine. *Doze lições sobre a História*. Tradução Guilherme João de Freitas Teixeira. Belo Horizonte: Autêntica, 2008.

RANKE, Leopold von. História. In: HOLANDA, Sérgio Buarque de (Org.). *Leopold von Ranke*: História. São Paulo: Ática, 1979.

________. Die Idee der Universalhistorie (1835). Vorlesungenseinleitungen. V. München: Dotterweich (Ed.); W. P. Fuchs (Werk unda Nachlass, v. 4)., 1975.

REIS, José Carlos. *A História entre a Filosofia e a Ciência*. 3. ed. Belo Horizonte: Autêntica, 2006.

________. *Escola dos Annales*: a inovação em História. São Paulo: Paz e Terra, 2000.

________. *História & Teoria*: historicismo, modernidade, temporalidade e verdade. Rio de Janeiro: FGV, 2003.

________. *Tempo, História e evasão*. Campinas: Papirus, 1994.

RÉMOND, René (Org.). *Por uma História política*. Tradução Dora Rocha. Rio de Janeiro: UFRJ, 1996.

________. Por que a História política? In: *Revista Estudos Históricos*, Rio de Janeiro: CPDO-CFGV, vol. 7, n. 13, 1994.

REVEL, Jacques. *Jogos de escala*. Tradução Dora Rocha. Rio de Janeiro: FGV, 1998.

________. Prefácio. In: LEVI, Giovanni. *A herança imaterial*: trajetória de um exorcista no Piemonte do século XVII. Tradução Cynthia Marques de Oliveira. Rio de Janeiro: Civilização Brasileira, 2000.

REVISTA Brasileira de História. Memória, História, Historiografia — Dossiê Ensino de História, São Paulo: Marco Zero, vol. 13, n. 25/26, set. 1992/ago. 1993.

REVISTA Estudos Históricos. Comemorações, Rio de Janeiro: CPDOC-FGV, vol. 7, n. 14, 1994.

________. *Heróis nacionais*, Rio de Janeiro: CPDOC-FGV, vol. 14, n. 25, 2000.

________. *Arquivos Pessoais*, Rio de Janeiro: CPDOC-FGV, vol. 11, n. 21, 1998.

________. *História e imagem*, Rio de Janeiro: CPDOC-FGV, vol. 17, n. 34, 2004.

RICOEUR, Paul. *A memória, a História, o esquecimento*. Campinas: Unicamp, 2007.

________. *História e verdade*. Rio de Janeiro: Companhia Editora Forense, 1968.

ROCHA, Helenice; REZNIK, Luís. *A História na escola*: autores, livros e leituras. Rio de Janeiro: FGV, 2009.

ROUSSO, Henry. O arquivo ou o indício de uma falta. In: *Revista Estudos Históricos*, Rio de Janeiro: CPDOC-FGV, v. 9, n. 17, 1996.

________. A memória não é mais o que era. In: AMADO, Janaína; FERREIRA, Marieta (Coord.). *Usos e abusos de História oral*. Rio de Janeiro: FGV, 1998.

RÜSEN, Jörn. *Reconstrução do passado*: os princípios da pesquisa histórica. Tradução Asta- Rose Alcaide e Estevão de Rezende Martins. Brasília: UnB, 2007. (Teoria da História, 2).

_______. *História viva*: Formas e funções do conhecimento histórico. Tradução Estevão de Rezende Martins. Brasília: UnB, 2007. (Teoria da História, 3).

_______. *Razão histórica*: os fundamentos da ciência histórica. Tradução Estevão de Rezende Martins: Brasília: UnB, 2001. (Teoria da História, 1)

SARLO, Beatriz. *Tempo passado* — Cultura da memória e guinada subjetiva. São Paulo: Companhia das Letras, 2007.

SCHITTINE, Denise. *Blog*: comunicação e escrita íntima na internet. Rio de Janeiro: Civilização Brasileira, 2004.

SCHVARZMAN, Sheila. As encenações da História. *História*, São Paulo, 2003.

SEIGNOBOS, Charles; LANGLOIS, Charles-Victor. *Introdução aos Estudos Históricos*. São Paulo: Renascença, 1946.

SIMSON, Olga Rodrigues de Moraes von. *Os desafios contemporâneos da História oral*. Campinas: Área de Publicações CMU / Unicamp, 1997.

SOARES, Mariza; FERREIRA, Jorge. *A História vai ao cinema*. Rio de Janeiro: Record, 2001.

SOIHET, Rachel; ABREU, Martha. *Ensino de História*: conceitos, temáticas e metodologia. Rio de Janeiro: Casa da Palavra / Faperj, 2003.

SORLIN, Pierre. Enganosas e indispensáveis, as imagens, testemunhas da História. In: *Revista Estudos Históricos*, Rio de Janeiro: CPDOC-FGV, v. 7, n. 13, 1994.

THOMPSON, Edward P. *A formação da classe operária inglesa*. São Paulo: Paz e Terra, 1989, v. 3.

THOMPSON, Paul. *História oral*: a voz do passado. Rio de Janeiro: Paz e Terra, 1992.

TODOROV, Tzevetan. *Memórias do mal, tentação do bem*: indagações sobre o século XX. São Paulo: Arx, 2002.

TUCÍDIDES. *História da Guerra do Peloponeso*. 3. ed. Brasília: UnB, 1987.

VEYNE, Paul. *Como se escreve a História*. 3. ed. Brasília: UnB, 1995.

_______. *O inventário das diferenças*: História e Sociologia. São Paulo: Brasiliense, 1983.

VILLALTA, Luiz C. Carlota Joaquina, princesa do Brazil: entre a História e a ficção, um "romance crítico" do conhecimento histórico. *Revista da USP*, São Paulo, n. 62, 2004.

WEHLING, Arno. *A invenção da História*: estudos sobre o historicismo. Rio de Janeiro: UGF; Niterói: UFF, 1994.

WHITROW, Gerad James. *O tempo na História*. Concepções do tempo da Pré-História aos nossos dias. Rio de Janeiro: Jorge Zahar, 1993.